儿童体育教育
与科学运动指导

黄 贵 著

中国书籍出版社

图书在版编目(CIP)数据

儿童体育教育与科学运动指导/黄贵著.-- 北京：中国书籍出版社, 2022.9
ISBN 978-7-5068-9194-3

Ⅰ.①儿… Ⅱ.①黄… Ⅲ.①儿童-体育教育-研究 ②儿童-运动训练-研究 Ⅳ.①G807.1

中国版本图书馆CIP数据核字（2022）第170324号

儿童体育教育与科学运动指导

黄 贵 著

丛书策划	谭 鹏 武 斌
责任编辑	毕 磊
责任印制	孙马飞 马 芝
封面设计	东方美迪
出版发行	中国书籍出版社
地 址	北京市丰台区三路居路97号（邮编：100073）
电 话	（010）52257143（总编室） （010）52257140（发行部）
电子邮箱	eo@chinabp.com.cn
经 销	全国新华书店
印 厂	三河市德贤弘印务有限公司
开 本	710毫米×1000毫米 1/16
字 数	214千字
印 张	13.5
版 次	2023年3月第1版
印 次	2023年5月第2次印刷
书 号	ISBN 978-7-5068-9194-3
定 价	87.00元

版权所有　翻印必究

目 录

第一章　儿童体育教育的相关理论阐述与研究 …………………… 1
第一节　儿童体育教育的学科理论基础 …………………… 1
第二节　儿童体育教育的基本理念 ………………………… 11
第三节　儿童体育教育研究 ………………………………… 15

第二章　儿童体育教育概述 …………………………………… 24
第一节　儿童体育教育的途径 ……………………………… 24
第二节　儿童身心发展特点及规律 ………………………… 26
第三节　儿童体育教育发展现状 …………………………… 37

第三章　儿童体育教育的意义 ………………………………… 41
第一节　促进儿童身体健康 ………………………………… 41
第二节　增进儿童心理健康 ………………………………… 45
第三节　提高儿童适应能力 ………………………………… 49
第四节　对儿童德育、智育、美育和劳动教育的作用 …… 52

第四章　儿童体育教学 …………………………………………… 55
第一节　儿童体育教学内容 ………………………………… 55
第二节　儿童体育教学方法 ………………………………… 62
第三节　儿童体育教学组织 ………………………………… 65
第四节　儿童体育教学设计与计划 ………………………… 68
第五节　儿童体育教学评价 ………………………………… 80

第五章　儿童课外体育锻炼 ……………………………………… 84
第一节　儿童课外体育锻炼概述 …………………………… 84
第二节　儿童课外体育锻炼的组织形式 …………………… 87

第三节　儿童课外体育锻炼的计划与评价……………………… 89
第六章　儿童课余体育训练……………………………………………… 95
　　第一节　儿童课余体育训练概述………………………………… 95
　　第二节　儿童课余体育训练的方法……………………………… 99
　　第三节　儿童课余体育训练的实施……………………………… 102
第七章　儿童课余体育竞赛……………………………………………… 106
　　第一节　儿童课余体育竞赛概述………………………………… 106
　　第二节　儿童课余体育竞赛的组织……………………………… 110
　　第三节　儿童课余体育竞赛的实施……………………………… 117
第八章　儿童体育运动与营养卫生保健………………………………… 126
　　第一节　儿童体育运动与营养…………………………………… 126
　　第二节　儿童体育运动与卫生…………………………………… 131
　　第三节　儿童体育运动与医务监督……………………………… 137
第九章　儿童体育运动与安全教育……………………………………… 140
　　第一节　儿童体育运动安全教育的内容………………………… 140
　　第二节　儿童体育运动损伤及处理……………………………… 145
　　第三节　儿童体育运动处方的制定……………………………… 157
第十章　儿童体育运动及方法指导……………………………………… 162
　　第一节　基本动作及方法指导…………………………………… 162
　　第二节　球类运动及方法指导…………………………………… 171
　　第三节　田径运动及方法指导…………………………………… 181
　　第四节　体操运动及方法指导…………………………………… 186
　　第五节　游泳运动及方法指导…………………………………… 189
　　第六节　中华传统体育运动及方法指导………………………… 199
　　第七节　新兴体育运动及方法指导……………………………… 205
参考文献…………………………………………………………………… 208

第一章 儿童体育教育的相关理论阐述与研究

儿童体育是在遵循儿童身心发展的特点和规律的基础上,融保育与教育为一体的特殊的教育领域。儿童体育活动以游戏为基本活动形式,注重个体差异。儿童体育的目的在于培养儿童自主参与体育锻炼的兴趣和良好习惯,使其体验运动的快乐,增强体质,发展身心素质和初步的运动能力,提高健康水平,为其一生的可持续发展奠定基础。

第一节 儿童体育教育的学科理论基础

学习理论、生理学理论、心理学理论、社会学理论、营养学理论和儿童体育教育理论等有着密切的联系,并且这些理论也成为儿童体育教育的理论基石。

一、儿童体育教育的学习理论

学习理论是研究人类学习的本质及其形成机制的心理学理论,体育教学设计的目的正是为了促进学生有效地进行体育学习。

依据行为主义和认知心理学的两种学习定义,我们可以归纳出学习概念的三大要点。

(1)学习是学生经过一定的练习后出现的某种变化。这种变化因学习类型的不同而表现在不同方面,有某种动作技能的形成(学会打乒乓球),有某种态度的获得(喜欢看篮球赛),也有认知能力的提高(制订一份自我锻炼计划)。这些变化的实质是学生内在能力或倾向的变化。

(2)学生的某种变化应是后天习得的,不是先天的反应倾向或自然成熟导致的。在一个较长的学习期内,学生身上会有许多变化,有些变化不是单纯由后天经验引起的,也有生理成熟的作用,如幼儿从不会走路到会走路,从不会跳到会跳,外在行为的变化是巨大的,但这些变化既有练习的作用,也包含了幼儿骨骼发育成熟的作用。

(3)学生的某种变化必须能够保持一定的时期。人们因疲劳的消除、药物的作用以及生理上的适应而引起的变化只能保持很短的时间,这不能归因于学习的结果。比如,运动员服用某些兴奋剂后,可以暂时提高运动成绩,但药效一过,其成绩便消退。[①]

二、儿童体育的生理学理论

(一)体育锻炼与人体生命活动的生理学原理

1. 体育锻炼与人体反应和适应规律

人类生活的内外环境不断变化。在一定范围内,人体可以通过体内调节机制,产生一定反应和适应以应付环境的变化。反应,是指内外环境发生变化时,人体各种生理机能发生相应的暂时变化,以保持与环境的平衡。适应,是指在某些环境变化的长期影响下,人体的功能和形态发生相应的持久变化,从而使之具有更高的适应环境变化的能力。

体育锻炼的效果,主要是通过锻炼前后其反应特征和适应水平的变化来评价。适应的出现,使人体的机体能力得到了提高,在完成相同练习时则显得容易、轻松。所以,只要有计划地、系统地、科学地坚持体育锻炼,就会使锻炼者在原有的基础上提高体能、增强体质。体育锻炼与人体反应和适应规律对于儿童体育锻炼具有重要的参考意义,也是体育功能得以实现的生理学基础及终身体育的生理机制所在。

---

① 杜俊娟.体育教学设计[M].北京:北京体育大学出版社,2007.

2. 体育锻炼与人体生长发育和遗传变异

任何生物体在其一生中,由于同化作用大于异化作用,要经过从小到大的生长过程,其构造和功能都要经过一系列的变化才能成熟。在人体生长发育期间,有两个生长发育的高峰,男女生长发育的曲线有两次交叉:第一次高峰期是 1 周岁,从出生到 1 周岁,长高约 25 厘米,约占原有身长的 1/2,体重增长 2 倍;第二次高峰期,男子是 12～14 岁,女子是 10～12 岁,身高增长值分别是 6.6 厘米和 5.9 厘米。

根据人体生长发育规律,一般到 25 岁时,人体各器官系统均已发育成熟,从 25 岁直到 40 岁称为成熟期,也叫青壮年期,这个时期是人的生命最旺盛的时期,人体处于较稳定的状态。35～40 岁则是人体生命过程中的分界线,此前是发育成熟期,此后是衰退期。随着年龄的增长,一般情况下,衰退速度在逐步增加。衰退表现为机体组织和器官的改变,机体的功能适应能力和抵抗力的衰退。

体育锻炼过程中各种身体运动都是对机体的一种刺激,对身体的发展起到强化作用。首先是使机体处于异化作用大于同化作用的状态,造成体内能量物质的消耗,其次在逐渐减少运动量和运动强度的过程中,使机体进入恢复过程,然后逐渐达到同化作用大于异化作用的状态,形成超过机体原有的能量储备水平,进入新的平衡状态。在这种新的平衡状态下,周而复始地增加刺激,使得机体形态结构发生质的变化,机体功能水平不断提高,促进了健康,延缓了衰老。

遗传和变异是生命的基本特征,是生物演变过程中的一对矛盾,也是生物变化发展的内在依据,形成了有机体的适应性和多种多样的类型。体育锻炼的过程主要体现在人体遗传基础上,通过体育手段,产生对有机体的某些形态结构、生理功能和心理素质的变化,使人体向适应社会需要的方向发展。在人类社会发展中,随着社会环境的改变,引起了人的需要的变化,从而导致人的行为发生变化。对体育锻炼需要的长期性和体育行为的长期化,以及运动刺激的不断强化,必然使得身体某些组织器官的功能不断加强,使人的体质逐渐增强。

3. 体育锻炼与肌肉工作

人体的肌肉分三种:平滑肌、心肌和骨骼肌。在此,我们仅介绍骨骼肌。骨骼肌是人体运动的主要动力来源,也是完成日常生活、学习、劳动等活动不可缺少的条件。①

（1）骨骼肌的结构。人体的运动是由运动系统实现的，运动系统由206块骨骼、600多块肌肉以及关节等构成。人体各种活动通过骨骼肌有规律地收缩和舒张实现。人体的骨骼肌均由两类肌纤维混合组成。一类肌纤维收缩速度较快，称快肌；另一类收缩速度较慢，称慢肌。快肌无氧供能的能力较强，收缩速度快、力量大，但易疲劳；慢肌有氧供能的能力较强，抗疲劳能力较强，但收缩速度慢、力量小。

（2）肌肉收缩的形式。根据肌肉收缩时张力、长度变化的特点，可将肌肉收缩分为以下两种形式。

①等长收缩。肌肉收缩时，长度不变、张力增加的收缩叫等长收缩。这是一种常见的收缩形式。等长收缩时，张力可以发展到最高水平，但由于没有位移运动的产生，故被称为静力性工作，其产生的力量被称为静力性力量。在人体运动中，等长收缩起着支持、固定和保持某一姿势的作用，如站立、悬垂、支撑等。②

②等张收缩(也叫缩短收缩)。肌肉缩短、张力不变的收缩叫等张收缩。当肌肉收缩产生的张力大于所要克服的阻力时，肌肉缩短并牵动骨杠杆做向心运动，故又称为向心收缩，如手持哑铃屈肘。缩短收缩可实现各种位移运动，如跑步、挥臂等。由于收缩时产生了位移，被称为动力性工作，其产生的力量称为动力性力量。在实际人体运动中，动力性工作和静力性工作常常共同起作用，完成各种体育动作。

4.体育锻炼与氧运输

人体各种活动所需要的能量，都靠氧气对能源物质(主要是糖、脂肪)进行氧化供给。而人体的氧储备甚少，必须不断地从外界环境中摄取，并运送到细胞组织被利用。

氧的运输是靠呼吸和循环系统完成的。呼吸系统把氧气从体外吸入体内，经肺部气体交换进入血液后，通过血液循环被运送到组织细胞处，再次进行气体交换，进入组织细胞中被利用。呼吸和循环系统保证了生命活动对氧的需要。经常从事体育锻炼的个体，其呼吸器官的功能将会得到提高。

---

① 邓伟,闻忠波,杨健科.大学体育理论教程[M].北京：北京体育大学出版社，2015.
② 邹江.大学体育[M].北京：北京邮电大学出版社，2010.

第一章　儿童体育教育的相关理论阐述与研究

最大摄氧量客观地反映了人体氧运输系统的能力,是运动生理学检查、评价人体心肺功能的有效指标。最大摄氧量受年龄、性别、健康状况、训练水平、疾病以及遗传等多方面因素的影响,其高低主要取决于心脏泵血功能即心输出量的大小和肌细胞的摄氧能力。人体的最大摄氧能力的高低直接影响运动能力,普通健康人最大摄氧量每分钟 2～3 升,而经常锻炼的人或运动员可达每分钟 4～5 升,优秀的耐力运动员甚至可达到每分钟 6～7 升。尤其是以有氧代谢为主的耐力性运动与最大摄氧量关系更密切,耐力性要求越高的运动项目的运动员最大摄氧量越高。[1]

(二)儿童的生理学特点

1. 儿童身体生长发育的一般规律

生长发育的一般规律是指人体在发育过程中所表现出的普遍现象。了解和掌握生长发育的规律,可以为儿童的体育锻炼提供科学指导。[2]

(1)生长发育速度的不均衡性和脆弱性。由于身体长得快,各器官与系统在一定的时期内来不及健全发育,儿童生长发育的不均衡性使其有机体显得比较脆弱,如体育锻炼过度易造成骨骼变形、关节和韧带受伤、心血管系统受损等。因此,儿童从事体育锻炼要更加小心谨慎。

(2)身体各系统发育的不平衡性和统一性。心血管系统生长发育明显地落后于运动器官的生长发育,而运动器官各部分发育也是不平衡的。如各关节和韧带落后于肌肉的增长与发育,背肌和大腿前面的肌群、小腿肌群和臀部肌群快于大腿后侧肌群、四肢外展肌。虽然人体各系统发育在时间进程上有鲜明的区别,但各系统发育的这种不平衡性,又都是在神经—体液调节下互相联系、互相影响的统一过程。

2. 儿童的生理特点

小学生骨组织内水分和有机物较多,无机盐较少,因而富有弹性和韧性,但强度、硬度差,易变形。骨生长过程旺盛,骺软骨生长活跃,适当的负荷有利于骨的生长。但负荷过大及剧烈的震动则有可能使骺软

---

[1] 王建华,袁泓.大学体育与健康综合教程[M].北京:北京交通大学出版社,2015.
[2] 陈蔚红.学前儿童卫生与保健[M].北京:中央广播电视大学出版社,2011.

骨过早骨化而影响长高,还可能引起骨骺分离等运动损伤。因此,体育锻炼应注意全面发展,不宜进行大负荷力量练习和长时间保持固定姿势的练习,要注意运动场地的选择,防止因长期在过硬的地面上跑跳而引起下肢骨、髋骨、椎骨等过早骨化,影响骨的生长发育。

儿童关节的伸展性、灵活性较好,活动范围较大,但牢固性与稳定性较差,在外力作用下易脱位。这些特点在体育锻炼时应加以注意。

小学生肌肉含水分较多,蛋白质和无机盐较少,肌纤维细,富有弹性,但肌肉力量弱,易疲劳。肌肉的发展比骨骼晚,腿肌力量要到青春期才有较大发展,大肌肉群的发展早于小肌肉群。因此,在儿童时期不应急于练肌肉力量,可用伸展练习发展力量。一般认为,力量的训练安排在青春发育期较为合适,在发展大肌肉群力量的同时,要有计划地发展小肌肉群的力量,以促进肌肉力量均衡发展,提高肌肉群的协调能力。

三、儿童体育锻炼的心理学理论

体育锻炼能提升人的社会心理适应能力,使人能更好地适应社会发展对人类自身提出的新要求。

儿童阶段是身心发展最重要的时期。根据儿童不同学龄阶段的心理特点,科学地运用体育手段,使他们的心理健康发展。社会认知是指对人及其行为的认知,它包括感知、判断、推测和评价。随着小学生自我意识从具体、片面到抽象、全面的过渡,儿童对他人的认识逐渐趋于客观和深刻。许多研究表明,儿童的社会性认知发展的趋势是:从表面到内部,从简单到复杂,从呆板到灵活,从自我到他人,从眼前到长远,从具体到抽象,从零乱、弥散、间断的想法到有系统、有组织、完整综合性的想法。

进入小学以后,孩子的独立性一天天地增强,对父母的依恋性也在一天天地减少。随着年龄的增长,孩子越来越多地自己做出决策,慢慢地走向独立。

同伴交往是影响儿童个性、态度和价值观形成与发展的一个独特而又重要的方式之一,其交往的形式与特点较成年人更加自由、平等。在同伴交往中,小学生之间非常容易建立起一种特殊的、亲密的人际关系,对个体心理发展的作用深远,能为其以后社会交往、人际关系发展奠定重要基础。

第一章　儿童体育教育的相关理论阐述与研究

小学生与教师之间的关系是一种重要的人际关系。小学教师的管理要严格、全面而深入,既要引导学习,教授各种知识、技能,还要兼管学生学业与品行。小学教师在学生心目中地位举足轻重,对学生的影响力重大而深远。小学生对于教师的态度中,其情感因素占有很大比重。

四、儿童体育锻炼的社会学基础

(一)社会环境适应与身心健康

人的一生可以说是应对外界社会环境不断变化的一生,人对外界社会的适应包括多种内容,如对风俗习惯、风土人情、生活方式、人际关系、价值观念等等的适应。人对社会环境的适应表现为接受、忍耐、顺应、支配、保守、反抗、逃避等形式。由于社会的不断变革和人的生活境遇的变迁(如搬迁、升学、调动、出国、留学、下岗、升迁、降职等),人们自身的地位处境也会发生各种各样的改变,这些都要求人们要有较强的适应能力。从小培养良好的社会适应能力,对儿童未来的健康发展具有重要意义。

(二)环境适应与身心健康

1. 自然环境与身心健康

地球上有空气、日光、水、土壤和岩石等等,这些为生命活动提供了一切必要的物质条件。人类和人类生存的外界环境始终保持着动态平衡状态,即人类不断地调节自身以适应变化着的环境状态。人类的健康水平直接与其生存的环境质量有着密切的关系。构成人类生存环境的主要因素有生物因素、化学因素和物理因素。

物理因素是指人类生活与生产环境中的空气温度、湿度、气流、气压、噪音等条件的变化及阳光中的电磁辐射等因素,这些均与人类生活、健康有密切的关系。

人类和环境是不可分割的对立统一体,它们之间相互作用、相互依存,密切相关。环境既是人类生长发育所必需的物质的、能量的来源,又是一切感觉、反射活动的源泉,还是新陈代谢产物和废弃物的净化场所。在这个系统中,整个生态系统都在相对的动态平衡中发展。但是,人类不是被动地适应大自然,而是能主动地利用自然、改造自然,充分利用环境因素为人类造福。

2.社会环境与身心健康

（1）人际关系与健康。在日常生活中，人是一个个的个体，但个体之间又构成一定的关系，相互之间要接触、联系、影响和作用，即人们进行相互的交往。

在儿童的日常生活中，需要处理的人际关系有师生关系、家庭关系、朋友关系、同学关系等。处理好这些关系不仅有利于身心健康，还有助于提高学习效率。

（2）社会经济与身心健康。人类的生产已进入了计算机时代。伴随着这种生产的发展，人类的身体与心理健康的问题日益严重。

（三）儿童体育锻炼与社会适应能力

1.体育锻炼与价值观念、竞争意识和竞争手段

（1）体育锻炼可以培养适应社会需要的价值观
①体育锻炼处处体现着自由与和平。
②体育锻炼最能体现付出与收获的关系。
③体育锻炼可以培养人们崇尚知识、崇尚人才的理念。
（2）体育锻炼可以培养适应社会需要的竞争意识
①体育的竞争以实力而获胜。
②体育的竞争最能体现公平性。
③体育的竞争最能锻炼参与者遭遇挫折和失败的适应性。

2.体育锻炼与协作意识、社会角色、个性形成及人际关系

（1）体育锻炼促进协作意识和协作能力的形成
①体育锻炼对协作意识的影响。协作意识是体育意识的基本内容之一，协作即协同配合、齐心协力。集体凝聚力的强弱取决于每一个成员是否具有强烈的协作意识和群体精神。体育运动的集体性特点，为培养学生的协作意识、群体精神提供了有利条件。
②体育锻炼能够促进协作能力的提高。体育锻炼以其特殊的交往方式，培养着锻炼者的协同配合能力、待人接物能力、豁达坦荡的心胸和"忍辱负重"的涵养。

③体育锻炼是培养人们胜任社会角色的有效途径。通过体育角色的学习可以使练习者懂得社会角色是与人们的某种社会地位、身份相一致的一整套权利、义务的规范与行为模式；也可以使练习者明白经过个人努力是可以成功扮演各种角色的，明确人的主观努力是改变社会地位的重要途径。

（3）体育锻炼可以培养良好的人际关系能力

①体育锻炼可以提高人的沟通能力。

②体育锻炼可以增强对身体语言的理解和使用能力。

③体育锻炼可以改善自我意识水平、移情能力和社交技能。

3. 体育锻炼与民主意识

（1）体育程序的民主化是影响人们形成民主意识的有效途径。民主是指人们对事情具有参与或自由发表意见的权利。民主包括目标的民主和程序的民主两层含义。

由于体育自身的特殊性，体育锻炼的过程可以使锻炼者受到平等、公正、正义和荣誉的启蒙；可以让锻炼者懂得在今后的生活中，既要珍惜自己获得胜利的权利，也要尊重对方，承担起应尽的义务。体育锻炼对民主意识的形成是最好不过的方式。

（2）体育目标的民主化处处规范着人们的民主行为。体育比赛的公开性和透明度，是体育目标民主化的保证。同时，体育目标民主化的产生也影响着人们民主行为的养成，是教育和引导人们成为民主法制成员的有效方式。因此，体育锻炼对培养人们适应社会的民主意识，养成民主行为，具有示范作用。

4. 体育锻炼与现代生活方式

体育锻炼可以缓解、转移现代化生活方式所造成的疲劳性，提高人们对现代生活节奏的适应性，丰富闲暇活动的内容。

人的现代化的过程就是从传统人向现代人转变的过程。在这一转化中，体育运动所产生的影响表现为：为现代人传播社会知识，为现代人普及行为规范，培养现代人正确的价值观念，为现代人确立生活目标，培养现代人发展承担多种生活角色的能力。

五、儿童体育锻炼的营养学理论

营养素是维持人体生命活动和健康的最根本的物质,而膳食是人体摄入各种营养素的最好途径。营养素摄入不均衡不仅会影响人体的健康,而且会对人体的活动能力产生不利的影响。

(一)糖类

糖类是自然界中存在最多,并且分布最广的一类有机化合物。绿色植物的根、茎、叶以及果实中都含有不同的糖类物质(如葡萄糖、果糖、蔗糖、淀粉和纤维素等);在动物的组织和血液中也含有糖类物质(如糖原、葡萄糖和含糖复合物)。

糖作为一种营养素,是组成生物体的重要成分之一,并在生物体内发挥重要生物学作用。人体内的主要糖类是糖原及葡萄糖,一般通过膳食获得。其中葡萄糖是人体内糖类的贮存形式,而糖原是糖类的贮存形式。人体内的糖以血糖、肝糖原和肌糖原的形式存在,糖原是维持人体工作能力的重要条件之一,当血液中的葡萄糖水平下降时,肝糖原可以迅速分解以补充血糖,维持人体血糖的动态平衡。

(二)蛋白质

蛋白质是生命存在的主要形式,是生命的物质基础。根据每日食物中摄取的蛋白质的含氮量与排泄物中的含氮量,可以了解蛋白质的代谢情况。一般正常人氮的收支保持平衡状态称为氮平衡。儿童由于处在生长发育期,因此,蛋白质的摄入量大于排出,称为氮的正平衡。蛋白质营养不足将影响生长发育和能量代谢;蛋白质营养过剩会增加肝脏和肾脏的负担,缩短寿命。

(三)脂类

脂类广泛存在于动物、植物体内,也是人体重要的组成部分。脂类可以分为脂肪和类脂两大类。脂类在人体中的生物学作用表现为:是机体组织的组成部分;合成胆汁酸、类固醇激素;防震保护和保温隔热作用;是脂溶性维生素吸收的载体;是人体的主要能量来源。

（四）矿物质

人体中除碳、氢、氧、氮以外的各种元素，无论其存在的形式如何，都被称为无机盐或矿物质。矿物质是人体的重要组成部分，约占体重的5%。根据这些元素在人体的含量和每天的需要量，可以将其分为常量元素和微量元素。每日需要量在100毫克以上的元素被称为常量元素，主要有钠、钾、镁、钙、磷等；每日需要量少于100毫克的元素为微量元素，包括铁、铜、锌、碘等。

（五）食物纤维

食物纤维的主要作用有：在肠道中吸收水分，与其他的废物结合成柔软的粪便，促进肠蠕动，易于排泄；吸附肠道中代谢的有毒物质，促进其排泄，预防结肠癌；吸收肠道内的油脂，控制体重；吸收消化道内的胆固醇，减少其进入血液的可能性，有利于缓解心脑血管疾病的发生。

第二节 儿童体育教育的基本理念

随着社会的不断进步、经济的快速发展，人们的物质文化生活逐步得到提高与丰富，这使得社会上出现了很多的文明病，其对于人类的健康影响巨大。因此，健康开始受到各个国家与地区的重视，很多国家希望通过对体质健康制度的研究，对国民的健康问题加以解决，因此，坚持健康第一、培养核心素养、关注学生个体差异成为进行儿童体育教育时应该遵从的三个基本理念。

一、坚持"健康第一"

体育与健康教育是实现儿童青少年全面发展的重要途径，对于促进学生积极参与体育运动、养成健康生活方式、健全人格品质，提升国民综合素质，推动社会文明进步，建设健康中国和体育强国，实现中华民族伟大复兴具有重要的现实和长远意义。健康体魄是"人的全面发展"所依附的基础,健康、长寿是人类发展的基本标志。体育与健康课程以习近平新时代中国特色社会主义思想为指导,全面贯彻党的教育方针,落实立德树人根本任务,坚持"健康第一"教育理念,以中国学生发展核心素养为引领,重视育体与育心、体育与健康教育相融合,充分体现健身育人本质特征,引导学生形成健康与安全的意识及良好的生活方式,促进学生身心健康、体魄强健、全面发展。

"健康第一"的体育内涵其核心在于对人性的充分肯定,对人的潜能、智慧的信任。对人的身心和谐统一和健康体魄的向往和追求。确立学生在体育教学中的主体地位,尊重学生的人格,维护学生的学习权利;承认学生的个体差异,重视学生的个性发展、注重因材施教;充分发挥学生的主观能动性,使每个学生都能生动活泼、积极主动地从事体育学习和锻炼;保证每个学生都学有所得,学有所成;"健康第一"的现代体育教育的本性不再是管理、控制、约束,而是对人性的唤起和对人性的尊重。因此,学校体育教学必须从过去传统的教育教学观念转变到"健康第一"的现代教育理念。充分发挥学生主体性,促进学生全面和谐发展上来,体育教学要体现以人为本的精神。

"健康第一"教学理念的落实促进了校方、家长、整个社会的通力配合,使社会各界了解了体育健康对学生成长的关键作用。校方需要以学生发展为本积极探讨体育教学的方法,开展学生感兴趣的体育活动。教师灵活制定教学计划,组织教学内容,实现教学目标。家长需要支持校方的体育改革举措,成为校方的"援助团",妥善处理学生在体育课堂上喊苦喊累的情况、压缩学习文化课时间的情况。整个社会需要营造鼓励全民进行体育锻炼的氛围。校方、家长、整个社会应携手共进,共同度过"破冰"的探索阶段。

二、培养核心素养

体育核心素养的培养是一个系统工程,是学生未来发展的基础。发展学生的体育核心素养离不开课程的支撑。学生现在核心素养相对较差的原因是育人目标过于泛化,没有抓手;内容随意,只注重安全;方法简单粗糙,没有着眼学生发展;评价混乱,与目标没有形成链条等,这些问题恰恰是课程体系构建的要素,也是我们要运用的策略。因为脱离这些,将无法达成培养学生核心素养的目标。

体育核心素养是学生在体育与健康学习过程中形成的基本知识、技能、方法和情感、态度、价值观等的综合表现,集中反映了体育与健康学科赋予学生的独特品质和关键能力,包括运动技能、健康行为、体育品德三个方面。三个方面的核心素养紧密联系、相互促进、互为基础、互相补充。运动能力是形成健康行为和体育品德的基础,健康行为是发展运动能力和体育品德的保障,体育品德是提高运动能力和促进健康行为的根本,三个方面的核心素养在不同情境中紧密联系、循序渐进,整体发挥作用。

1. 运动技能

运动技能是指学生在参与体育运动过程中所表现出来的综合能力。运动技能包括体能状况、运动认知与技术战术运用、体育展示或比赛三个维度,主要体现在基本运动技能、体能、专项运动技能的掌握与运用。

2. 健康行为

健康行为是指学生增进身心健康和积极适应外部环境的综合表现。健康行为包括体育锻炼意识与习惯、健康知识与技能的掌握和运用、情绪调控、环境适应四个维度,主要体现在养成良好的锻炼、饮食、用眼、作息和卫生习惯,树立安全意识,控制体重,远离不良嗜好,预防运动损伤和疾病,消除运动疲劳,保持良好心态,适应自然和社会环境等。

3. 体育品德

体育品德是指学生在体育运动中应当遵循的行为规范和体育伦理,以及形成的价值追求和精神风貌。体育品德包括体育精神、体育道德和体育品格三个维度。体育精神主要体现在积极进取、勇敢顽强、不怕困难、坚持到底、团队精神等;体育道德主要体现在遵守规则、尊重裁判、尊重对手、诚信自律、公平竞争等;体育品格主要体现在自尊自信、文明礼貌、有正确的胜负观等。

核心素养的上述三个方面密切联系,相互影响,在体育与健康教育教学过程中得以全面发展,并在解决复杂情境的实际问题过程中整体发挥作用。

三、关注学生个体差异

在高度关注对所有学生进行激励与指导的基础上,针对不同身体条件、运动基础和兴趣爱好的学生因材施教;提出不同的学习目标,选择适宜的教学内容,采用多样的教学方法与学习评价方式,为学生创造公平的学习机会,促进每一位学生产生良好的学练体验,增强学习的自信心,在原有的基础上获得更好发展。

要做到尊重学生,教师必须做到在课堂教学中突显学生的主体地位。要做到尊重学生,要多鼓励学生。使一个人发挥最大能力的方法是赞美和鼓励。多从他们的身上发现亮点,看到优点,鼓励学生去发挥他们的优势,让学生一直保持着良好的学习兴趣及心态,以最大的耐心与毅力努力着就非常好了。

1. 教学设计上关注学生差异

关注学生的个体差异和不同需求,确保每个学生都受益。备课中,不仅要备教材教法,更重要的是备学生。一个班的学生虽然年龄层次、智力发展水平相当,但在这些共性之外,还必须看到每个个体都是独特的。研究学生的特殊性,并根据这些确定学习目标,选择教学方法,使每个学生都能体验到学习和成功的乐趣,以促进他们的身心发展。

2. 学习方式上尊重学生差异

尊重学生独立思考,就要承认学生的个性差异,允许不同学习方法的出现。给予空间让学生畅所欲言,同时教师要认同各种想法,这样不同的学生的认知水平和学习能力都可以在原有的基础上获得相应的发展。

3. 依据学生差异设计练习

教师要设计有层次的练习,使不同水平学生都有收获,这样才能使学生得到差异发展。考虑学生差异不是消极被动地适应学生差异,而要力求学生通过努力能完成,而不是带来更大的压力,使每个学生的学习潜能都在原有的基础上得到充分发展,增强学习自信心。

第三节 儿童体育教育研究

现代社会的发展、现代科学的进步,以及体育运动的发展促生了现代体育教学研究的形成和发展。体育教育研究是一个复杂综合的动态整体,是人们研究体育教学现象和揭示体育规律的创造性实践活动。

一、相关概念的界定

(一)儿童

一般情况下,0周岁为婴儿;1周岁~6周岁为幼儿;7周岁~12周岁为儿童,与少年期重合,也可称少年儿童或少儿;13周岁~17周岁为少年,也可称青少年。由此可以看出,凡是12周岁以下,都可以称之为儿童。儿童体育是学校体育的组成部分,是遵循6~12岁儿童(以小学生为主)身体生长发育的特点和规律,以增强儿童体质,发展身心素质和基本运动能力,提高健康水平为目的的一系列教育活动。

(二)体育教育

体育教育本身是一个完整的体系,分为普通体育教育和专门体育教育两大类。其基本特征是突出的教育性和教学性。体育教育以教学为主要途径,以课堂教学或专门性辅导为主要形式,以身体练习和卫生保健为主要手段。本书所说的体育教育是指在教师指导和学生参加下,按照教学计划和体育教学大纲,由教师向学生传授体育知识、技术、技能,发展身体,增强体质和进行思想品德教育的过程。

(三)体质

中国大百科全书出版社出版的《中国大百科全书》教育卷体育词条下"中国学校体育的目的和任务"中对学校体育的目的是这样阐述的:"学校体育的目的在于使学生掌握体育的基本知识和技能,养成良好的锻炼身体和讲究卫生的习惯,有效地增强体质,提高健康水平。促进德、智、体全面发展,为担负起建设祖国、保卫祖国的光荣任务做好准备。"其实,在目前可以轻易找到的各种有关学校体育的教科书中,凡是涉及体育目的的阐述都必然不会遗漏掉"增强体质"这个词组。

"体质"这一概念可以表述为:体质——人体的质量。具体指人在遗传性和获得性基础上在人体形态结构、生理机能、心理机能方面表现出来的综合的、相对稳定的特征。[①]它是人的一切生命活动和社会活动的根本基础。

1. 儿童体质状况

6～12岁儿童体质方面的最大特征就是他们的变化性或生长发育性。其各项指标都在快速地发生变化。新陈代谢方面的特点是同化作用大于异化作用。身体各系统都在快速地发生变化,但这种变化是不平衡的,又是统一协调的,6～12岁正是童年期,是体质明显增加的第二充实期。同时神经系统率先发育,出现生长发育的高峰值。7岁时脑重量增加到1400克,接近成人的脑重(1450克),神经细胞体积增大,分化基本完成,大脑额叶迅速生长,使得儿童的运动协调性和准确性得到发展和完善,神经系统的率先发育,为它在身体各系统中的支配地位打下了基础。6～12岁这一阶段,由于肌体较弱,抵抗疾病能力差,淋巴系统在12岁左右达到成人的20%;生殖系统发育很慢,变化很小。这一阶段,男孩的身高体重处于匀速增长阶段,但阶段增长值在7～21岁的总增长量中仍占相当大的比例;女孩在7～9岁身高体重匀速增长,10～12岁为其快速增长期。[②]总之,这一阶段,儿童的生长发育呈波浪形,身体各系统发展不平衡,有的早,有的晚,有的快,有的慢,但又是协调统一的。

身体素质是人体在各种活动中所表现出来的力量、速度、耐力、灵敏性、柔韧性等肌体能力的总称。它是各器官、系统的机能在肌肉工作中的综合反映。

(1)力量素质。它是其他各项素质的基础,是在肌肉收缩时克服内外阻力而产生的力。这一阶段随着身体的生长发育,肌纤维体积逐渐增

---

① 朱小烽.儿童青少年体适能评定与健康促进[M].成都:西南交通大学出版社,2020.

② 同上。

大,肌肉蛋白质和毛细血管也逐渐增多,能源物质储备量、供给量较少,神经系统对肌肉的调节亦不太完善。表现为肌肉活动不协调、肌力弱。但这一时期,腿部的弹跳力明显增强。

(2)速度素质。它是指以最短时间完成动作的能力。7~12岁儿童的速度素质开始发育,并开始进入快速发展期。这一阶段,肌肉系统的发育和神经系统的率先发育完善,是速度素质的基础能力发展的关键时期。

(3)耐力素质。它是指人体长时间进行肌肉活动的能力,主要与心、肺、神经系统的功能有关。这一阶段,儿童的耐力素质较差。

(4)灵敏和柔韧性。灵敏性是人体表现出来的快速随机应变的能力,是一种复杂的综合素质。既与神经系统有关,又与力量、速度等素质密切相关。柔韧素质是指大幅度完成动作的能力,取决于肌肉、肌腱和韧带的拉长弹性和关节活动的范围,也和神经系统对肌肉的调节能力有关。7~12岁儿童的灵敏性随着年龄的增加而增强,而柔韧性随着年龄的增加而下降。

2. 儿童体质研究情况

在《中共中央国务院关于深化教育改革全面推进素质教育的决定》中也明确指出:"健康体魄是青少年为祖国和人民服务的基本前提,是中华民族旺盛生命力的体现,学校教育要树立健康第一的指导思想……各国对学生体质、健康状况都很关心,为保证青少年儿童体质、健康水平的提高均作了很大的努力,将青少年的体质、健康问题列为首要任务。并呼吁社会各界来关注此事。这说明,"关心青少年儿童体质"已不仅仅是专家、学者的事,而是国家大事。因此,对此进行研究,也就具有特殊而重要的意义。

从国内学生体质研究来看,我国学生体质研究开始于20世纪初。新中国成立前,我国的许多学者就在一些地区对我国青少年儿童身体发育(主要是形态发育测量)做了调查,但由于受到社会因素的制约,未能取得较全面的、能代表中国青少年儿童特点的数据。新中国成立后,随着教育、卫生和体育各项事业的发展,许多学者对青少年儿童身体发育的调查十分重视,收集、积累了不少材料,从1950—1956年,有一定规模的测试调查14次,共测试了13万多学生,为学校的教育工作及有关行业改进工作提供了基础数据,但仍然存在缺乏统一组织、统一方法与要求和材料难以比较等问题,也未得到能全面代表中国人身体发育特点的材料。直到 1975 年中国医学科学院儿科研究所对 9 个城市的 27.3 万名青少年儿童进行了身高、体重、胸围、坐高、头围的测量,体质调研的规模才逐渐扩大。但由于当时测试的指标少,且 17 岁后无测试,因此,无法了解中国人生长发育的全过程。

其后,于 1979 年又对全国 16 个省、市 7~22 岁学生体质进行了测试和调研,相继又在 1985 年、1991 年、1995 年、2000 年分别对全国 30 个省、市 7~22 岁学生进行了测试和调研,通过"五年一大测,每年一小测"(五年进行全国横剖面大规模的测试,每年进行监测点校的抽样测试)定期对学生体质进行横、纵向的研究,同时,也进行一些小范围的追踪调查和专门研究。这些研究均已取得丰硕的成果,主要有:体质理论研究。体质研究会 1982 年、1988 年、1989 年对体质、理想体质、健康心理概念与标志等进行了研究,并出版了众多相关的专著,较有代表性的著作有 1984 年和 1993 年分别出版的《体质测定》和《实用体质学》等。

体质测试和调研主要是对 1979 年、1985 年、1991 年、1995 年、2000 年我国 7~22 岁青少年儿童测试和调研数据的统计分析,对体质变化规律进行横向和纵向研究,并逐步完善了体质监测内容和评价指标。目前主要对以下几方面进行了研究:青少年儿童生长发育规律;人体机能、身体素质、运动能力发展变化规律;影响体质的各种因素;提出部分合理改善青少年儿童体质状况的措施;对前期学生体质的研究结果进行总结。学生在体质、健康等方面存在的主要问题有:肺活量、柔韧性、耐力的逐年下降;体重的持续增长,尤其是城市"小胖子"和学生近视率的逐年上升及青少年意志力的减弱等。

尽管国内的体质研究取得较多的成果,但国外的体质研究依然有值得我们参考和借鉴的先进经验,主要有以下几方面。

在理论上,有独到的见解,提出 Fitness 包括"运动素质"和"健康素质",并阐述了相关问题。

在理论指导实践方面,注重理论研究—仪器使用—社会科研的紧密结合。在研究中,各学科有专用的仪器,还有体力测定与分析的配套设施,许多仪器都与运算显示系统相连接,能及时得到运算和分析结果。同时,在科研方向与社会联系上,各研究机构通过严密的科研计划和多渠道的课题来源进行多学科的交叉研究和广泛的学术交流,将体质研究工作的开展与培养学生积极参加身体锻炼活动的生活态度、个体健康、

第一章　儿童体育教育的相关理论阐述与研究

健身教育以及学校体育相结合,为终身体育、终身健康思想打下基础,使体育、卫生、保健、娱乐等几个方面的工作同步进行,达到研究、锻炼、教育、娱乐、健康相互促进的效果。①

二、儿童体育教育研究现状

(一)小学体育教学过程的研究现状

儿童体育教育现状主要体现在两个方面,一个是学校体育课的受重视程度,一个是体育课的发展创新。

1. 小学体育教学课受重视程度不高

(1)体育课会受客观因素影响而暂停。尽管小学普遍开展了体育课程,但是,符合标准、每周开三节体育课的小学则非常少,只占到总数的十分之一。很多学校的体育课只在开学初期进行,且基本都是在教室内进行的,而到了学期的中期甚至后期,体育课就会面临着被停课的待遇。因此,一旦到了新学期,学生们颇为兴奋。体育老师通常在第一堂课上对学生提出了要求,如果体育教师外出学习或者有其他事宜,那么体育课通常就会被停课;同样,如果在寒冷的冬天或者雨雪天气中,体育课往往变成自习课。

(2)体育课的时间被占用。学校体育课的开课数量要求为每学期30节,但是,受种种原因的影响,其中实际开展的体育课基本上都达不到这一标准,甚至有些学校整个学期下来,体育课的开课数量还不到三分之二,而缺少的那些课,通常会被其他学科占用。

(3)学生参与体育课的积极性不足。岳月在其《小学体育课开展现状、问题与对策研究——基于对葫芦岛市连山区小学的调查》中提到:只有很少一部分学生是不太愿意参与体育课的,究其原因,主要是由于他们认为体育课的开展会对文化课的学习产生不良的影响。学生参与体育课的积极性是评价学校体育的一个方面,也是评价教师工作的一个方面。过半数的学生认为,学校的体育设施无法使他们的运动需要得到很好的满足,体育课的开展过程中存在很多的问题需要解决,其中有四

---

① 陈辉,杨远飞.学生发展核心素养视域下的课堂教学指南:中小学体育与健康[M].长春:东北师范大学出版社,2017.

分之一的学生认为他们的体育教师对待体育的态度不太认真。学期中期学生上体育课的态度明显减弱,没有了开学初期时的激情和热情。导致这些问题的主要原因有这样几个方面:体育课的教学内容较为陈旧,无法引起学生的兴趣;学校的器材不能满足学生的需要;教学内容单调乏味。

2. 小学体育教学课的发展创新不甚理想

小学体育教学课的发展创新不甚理想,可以从教学过程的各个方面得到体现,涉及教学组织、教学方法、教学内容以及教学评价等方面。

(1)体育课教学组织合理性不足。调查发现,在小学体育课的教学组织上,有些体育教师没有进行科学的设计,往往会导致课堂混乱,因此难以形成良好的课堂氛围。

另外,在运动场上进行的体育课,往往是好几个班级同时进行的,但在上课区域方面,没有明确的划分和安排,这会造成学生上课的混乱。学生们上课时忙于找班级位置,难以进入上课状态,不仅会耽误上课时间,还会打乱已经站好队列的其他同学。每一节的体育课,因为找班级队列常常会占用正规上课时间的好几分钟,整个学期下来,浪费的时间很长。教师应该把上课的固定区域告诉给学生们,学生在课间就在固定区域周围活动,听到上课铃声后立即有秩序地排好队列,等待老师上课。这也是近阶段小学体育课程改革需要改进的方面。

(2)体育课教学方法单一。小学体育课程的开展,学生与教师是两个重要的参与者,两者之间要相辅相成,在注重教师主导作用的同时,也不能忽视了学生的主体性,围绕学生开展体育教学,有效激发和提升学生参与体育课的积极性和兴趣。体育教师进行体育理论知识教学时,接近半数的体育教师最常采用的是讲解、示范等教学方法,但是这些方法对于高年级的学生来说还算适合,中低年级的学生们对抽象逻辑思维无法建立模型,他们还需依赖具体模型的辅助,因此,就要求体育教师在进行理论课教学时,可以采用直观的教学方法,这样才能保证取得理想的教学效果。

(3)体育课教学内容单调。调查发现,学生喜欢的体育课内容中,游戏占据了半数以上,其次是足球,然后是跑步。但在实际的体育课上,老师教授的却通常是最平常不过的站姿、排队列、教体操等内容,这样就难以满足学生的需求,对学生参与体育课的兴趣和积极性都会产生抑制作用。因此,丰富和充实体育课教学内容是非常重要且必要的。

（4）体育课教学评价简单。体育教学评价能够将教学工作的成绩反映出来,同时,也能从侧面将教师工作的积极性和学生的学习兴趣反映出来。学生学习评价也是新课程改革的重要内容之一。新课程评价将学生的全面发展作为关注的重点。但是通过对学生的相关调查发现,有三分之一还多的学生认为体育成绩并不重要,因为在他们看来,体育课本身就是一个辅助学科,无法与语文、数学、英语等学科相媲美,体育教师也是一对多,一人教学很多班级,师生交流很少,几乎都是老师在讲,学生在听。

通过对任课教师的调查发现,新课标的评价体系未能得到贯彻,甚至认为所规定的评价体系是个大框,有近一半的教师认为,新课标的评价体系在现实的教学中的可操作性是非常差的,无法入手。除此之外,还得知,很多教师认为体育课只是为了应付学校的检查,测评的成绩是随意的。评判的标准有四个等级,分别是"优、良好、及格、不及格"。

相较于其他的学科来说,体育的理论知识是缺乏系统性的,无法通过笔试的形式测试出学生的实际体育成绩,但是,笔试的形式却是最为省力的一种考评方式。

（二）小学体育教师的研究现状

教师和学生作为体育教学的主体,其发展情况也在一定程度上反映出了体育教学的发展状况(陈非文,2017),要对小学体育教学主体的发展状况加以分析,具体可以从以下几个方面着手。

1. 对学生主体地位的认识不足

当前,在新课改的推动下,体育教学虽然获得了较好的发展,但是,仍然有很多体育教师采用的是传统教学方式,即填鸭式教学,在这种教学方式下,教师在一整节的体育教学课上,往往会以自身为中心,从而让学生处于被动接受的位置,并且还要按照体育教师的要求,去完成教师所布置的任务。这样便导致学生在教学中感受不到自身的价值,不能使学生完全接受教师所讲解的内容。因此,这就要求体育教师在体育教学课上,一定要将学生放在中心位置,围绕学生的特点和需求来进行教学(李鑫,2019)。

2.教师在教学设计方面需要反思

江苏省苏州市吴中区木渎实验小学沈勇在其《兴趣指引方法保驾——小学体育高效教学构思》中提到：教师在体育课程中的引导作用很重要，小学体育教学效果如何，在很大程度上取决于教师体育教学课程设计。除此之外，教师在上课前就应该提前设计好本节课该怎么进行，课堂中应该添加什么项目、怎样使体育课程更富有趣味性，并且课堂结束时及时询问学生的意见和建议，课后教师及时反思该堂课的不足和需要改进的部分，这些都是教师需要反思和改善的重要方面，做到这些就能够有效提升体育课程教学设计的科学性和严谨性。

3.教师对专业知识和学生的了解有待提升

从当前的状况来看，很多老师对小学体育课程的了解程度还是不够的。缺乏自身的思考，在教学上所遵循的指导思想也较为陈旧，教学中对学生的需求和兴趣了解不足，导致学生在体育课程方面的兴趣不高，课堂效率比较低。这就要求体育教师需要在自身专业能力的基础上，不断学习新的知识，不断发掘新的授课方式和教学内容。

(三)小学生的研究现状

进入小学，学习代替游戏成为学生的主要活动，教师必须高度重视儿童身心健康方面的启蒙教育。黄甫全、曾文婕在其著作《小学教育学》中提到：教育学生加强体育锻炼，增强学生体质。注重培养学生良好的学习兴趣，开展丰富多彩的文娱体育活动，使学生在感兴趣的活动中释放身心压力，以促进学生身心健康成长。

李俊在其出版的《小学生认知与学习》中也曾指出：在学习兴趣上，小学生表现出如下特点。

第一，最初小学生对学习的过程和外部活动感兴趣，以后逐渐对学习的内容或需要独立思考的作业感兴趣，这转折点大致在三年级。

第二，学习兴趣从不分化到逐渐对各个不同学科内容产生初步的分化性兴趣，这种分化也是从三年级开始的。

第三，整个小学时期对具体的事和经验较有兴趣，对抽象的因果关系的兴趣在初步发展，低年级最感兴趣的是具体事实和实际活动，中年级开始逐渐对反映事物之间因果关系的较抽象的知识产生初步兴趣。

第一章　儿童体育教育的相关理论阐述与研究

第四,低年级学生对游戏式的学习活动感兴趣;中年级以后,游戏的作用逐渐下降。

第五,阅读兴趣一般从课内阅读发展到课外阅读,从童话故事、文艺作品发展到科普读物,在阅读过程中,小学生对读物中的人物有强烈的模仿倾向。

第六,小学生在社会政治生活方面的兴趣在逐步扩大和加深。

（四）小学体育场地设施环境的研究现状

付东、肖进勇在其著作《改革·发展·探索:四川省农村中小学体育课改理论解析与实践指导》中曾提到:凡是与学校体育活动密切关联的各种体育教学场地、仪器、设备、建筑物、图书资料、人力的数量、专业、业务能力以及各项管理活动等所有人、财、物、事、时和信息的总和,它们按资源存在形态可分为有形资源和无形资源;按资源功能特点可分为素材性资源(软)和条件性资源(硬);按资源性质作用可分为人力资源(教师、学生、管理者等)、媒体资源(教材资源、教具资源等)和条件资源(财力资源、物力资源、环境资源、信息资源、时间资源等);按资源来源途径可分为校内资源和校外资源。当前我国学校体育资源非常有限,并且存在较大的地域差异,对体育资源匮乏的西部农村学校,应特别注重加强对学校体育资源的开发,而对于那些体育资源相对充足的学校,则应加强对学校体育资源的利用,这样做可以达到以下目的。

（1）为实施课程改革创造条件。所有资源都是支持学校体育课程的要素,新改革需要新尝试和新探索。

（2）为充实课程内容奠定基础。过去内容受限,需校本教材更好体现课程的选择性和地方特色。

（3）为达成课程目标提供便利。全方位利用与开发校内外课程资源,更有利于达到课程目标。

（4）为提高课程质量发挥作用。利用和开发课程资源便于进行创造性教学,利于达到新颖、趣味、便利、高效、安全教学。

第二章 儿童体育教育概述

体育是学校教育的有机组成部分,也是儿童教育的重要组成部分。因此,儿童教育工作者,都应该对体育和儿童体育有一定的认识,掌握一定的体育理论知识和体育运动技能。只有如此,才能正确地理解和贯彻国家的教育方针,培养出新时代的优秀人才。

第一节 儿童体育教育的途径

儿童教育是基础教育的有机组成部分,是学校教育制度的基础阶段,也是人才成长的奠基阶段。

儿童体育教育是遵循6~12岁儿童身体生长发育的特点和规律,以增强儿童体质,发展身心素质和基本运动能力,提高健康水平为目的的一系列教育活动。

儿童时期正是打好身体素质基础的关键时期。因此,需要成人创设良好的生活环境,运用一切有利的教育条件,来促进他们正常的生长发育,为其终身健康成长奠定基础。鉴于上述状况,儿童体育就应该运用一切综合手段为儿童打好基础,如卫生手段、体育活动及自然手段等,要充分地发挥每种手段的效用。

一、体育教学

儿童体育课在整体教育活动的流程中,是占有着重要地位的,无论是以任何理由取消体育课或忽视体育课的做法都是不正确的。体育教学是儿童身体运动的实践和思维积极活动的认识相统一并相联系的过程。目前,我国儿童体育教师在教学实践中,创造了很多教学方法,这些教学方法在一定条件下能很好地发挥作用和产生不错的效果。

二、课外体育锻炼

学校体育的目的是增强儿童的身心健康和培养儿童的终身体育意识,而这些仅仅通过学校内每周规定的几节体育课是很难实现的,为此,课外体育锻炼成为了实现学校体育目标的重要途径。儿童课外体育锻炼是指儿童在课余时间里运用各种体育手段和方法,以增强体质、促进身心健康、丰富业余文化生活等为目的的身体活动。课外体育锻炼是学校体育工作的重要内容,是体育课堂的延伸,它对促进儿童体质健康发展、培养其终身体育意识和习惯有着重要的意义。

三、课余体育训练

学校课余体育训练是学校体育的组成部分,是学校贯彻普及与提高体育要求的重要内容。学校课余体育训练是指利用课余时间,对部分在体育方面有一定天赋或运动特长的儿童进行较为系统的训练,全面发展他们的体能和身心素质,不断提高专项运动技术和水平,为培养体育后备人才而专门组织的一种体育教育过程。儿童可以通过不同形式和组织(运动队、俱乐部、学校体育协会)参加课余体育训练。

四、课余体育竞赛

儿童课余体育竞赛是儿童体育教育的重要组成部分,是培养儿童体育兴趣爱好、体育意识和养成良好体育锻炼的关键所在。儿童课余体育竞赛能够吸引更多的儿童参加体育锻炼,调动儿童为建设祖国而锻炼的自觉性,推动群众性体育活动的深入和普及。通过儿童课余体育竞赛,有利于发现、选拔和培养优秀的体育人才;有助于培养儿童胜不骄、败不馁、顽强拼搏的竞争意识以及互助合作的团队精神和集体荣誉感。

第二节 儿童身心发展特点及规律

儿童不同阶段身心整合性的全面发展,通常是指从新生儿出生那一刻开始直到青春期结束的这一时期,儿童所经历的生理、心理和情感及社会适应上的身心体验与变化的过程。同时这一过程也是儿童从被照料、依赖的状态中,逐渐发展成为具有自主性的独立个体的全过程。儿童身心发展过程是一个连续的、阶段分明的过程,发展顺序具有一定的可预测性。

儿童身心全面发展受制于多个因素的影响与制约,例如遗传、家庭条件、生活环境、营养条件和教育水平等因素都是影响儿童身心均衡、全面发展的重要因素,因此不同儿童身心发展速度各不相同。儿童身心发展的每个阶段不仅受到遗传等先天条件的直接影响,同时还会受到前一阶段生活环境、养育水平等诸多因素的间接影响,这也是为什么处于同一年龄阶段的儿童在身体形态、情感表达、动作能力和认知水平上存在差异的根本原因,因此也成就了人类社会发展的多样性。

儿童中期通常是指 6~12 周岁阶段的儿童,进入这一阶段也就标志着儿童进入小学阶段的集体学习生活。此时儿童在集体学习生活中学会与人共处、交流沟通,甚至开始与身边的同伴进行比拼、竞争。

6~12 周岁儿童身体生长、发育速度不及婴幼儿及儿童早期那么迅猛,但在此阶段中,儿童体重平均每年以 3.17 千克左右的幅度增加,而身高平均每年以 3 厘米左右幅度增长。

随着儿童身高、体重等外部形态不断长高、变重以及控制激素生成的内分泌系统不断完善,儿童进入身体变化的"青春期"。这预示着儿童的身体生长发育、认知发展、动作能力和社会情绪发展将进入一个全新的发展阶段,此时的儿童、青少年在身体素质、认知水平、运动能力和社会适应等方面的综合能力与素质将会与成人相差无几。

第二章　儿童体育教育概述

一、儿童身体生长发育的特点

儿童在进入成人阶段之前,身体快速生长、发育,这也是人类为生存生活和适应环境变化的高级进化策略。因为身体四肢的增长和粗壮为参与身体活动提供了便利条件和竞争优势,同时适宜的身体活动又能更好地促进新陈代谢,使身体内在机能水平朝着刺激—适应的优化方向发展,并且儿童也不断从适宜的身体活动中受益,实现健康成长,如表2-1所示。

表2-1　6～12周岁儿童身体生长、生理机能和感知觉的发展变化[①]

阶段划分	身体生长	生理机能	知觉发展
7～9周岁	● 7周岁,男孩平均身高124厘米,女孩平均身高122.5厘米,身高平均每年增长5～6厘米 ● 7周岁,男孩平均体重为24千克;女孩平均体重为22.6千克;体重平均每年增长3千克 ● 6～8周岁,女孩的体重和身高都略逊于男孩;9岁,女孩和男孩的差距发生逆转 ● 骨骼继续变长,变粗;骨骼发育逐渐进入减级期	●最大肺活量:43～51升/分钟,2.04升/(千克·分钟$^{-1}$) ●最大吸氧量:47～54升/分钟,1.3～1.4升/(千克·分钟$^{-1}$) ●激素水平: 7～8周岁,男孩雄激素(睾丸激素)分泌水平要高于同龄女孩,两性呈现出不同的发展趋势 8～9周岁,促进青春期男孩和女孩身体快速发展的激素变化逐渐显现出来	● 7周岁以后,能够以他人为基准辨别人体或物体的左右方位
9～12周岁	●女孩比男孩提前两年进入青春发育高峰期 ●男孩骨骼发育进入减缓期,女孩骨骼发育进入加速期 ● 20颗乳牙逐渐被恒牙取代,女孩比男孩换牙更早	11～13周岁,男孩的雄性激素(睾丸激素)分泌水平高于同龄女孩,出现第二次快速增长,在体格和力量增长方面两性呈现出不同的发展趋向	11周岁左右形成较好的方向辨识能力和空间感

(一)体格生长特点

1. 体重

体重是反映近期营养状况和评价生长发育的重要指标。我国正常足月婴儿出生体重为2.8～4千克。出生后3～4天因生理性体重下降,

---

[①] 庄弼.小学体育与健康教学关键问题指导[M].北京:高等教育出版社,2020.

体重可减少3%～9%,至7～10天可恢复到出生时的水平(早产儿体重恢复较迟)。生后1个月体重约增加1～1.5千克,生后4～5个月约为出生体重的2倍(6千克),10～12个月约为出生体重的3倍(9千克),生后第二年增加2.5～3.5千克,2岁时为出生体重的4倍(12千克)。2岁后体重增长速度处于稳定状态,每年增长约2千克,直至青春期开始后体重增加明显加快。[①]

一般可用下列公式估算不同年龄小儿的体重值:

婴儿前半年体重(千克)= 出生体重(千克)+ 月龄 ×0.6(千克)

婴儿后半年体重(千克)=6(千克)+ 月龄 ×0.25(千克)

2～12岁儿童体重(千克)= 年龄(岁)×2+8(千克)

2. 身高

身高(长)指头顶到足底的全身高度(3岁以下儿童取卧位测身长)。身高是反映长期营养状况和骨骼发育的适宜指标。其生长规律与体重增长基本相适应。出生时身长为50厘米左右。生后前3个月增长最快,平均每月增长3.0～3.5厘米;4～6个月平均每月增长2.0厘米。后半年每月增加1.0～1.5厘米;1岁时身长约75厘米,2岁末约85厘米;2岁以后至青春期前每年增长5～7厘米。青春早期开始出现快速生长,每年增加8～10厘米甚至更多,2～3年后发育速度又减慢,女直到17岁、男直到20岁左右身高基本停止生长。[②] 一般可用下列公式估算不同年龄小儿的身高:

2～10岁儿童身高(厘米)= 年龄(周岁)×7+70(厘米)

3. 头围

头围是指自眉弓上方最突出处经枕骨粗隆绕头一周的长度。是代表颅骨和脑发育的指标。出生时平均为34厘米,生后第一年增长11～12厘米,至1周岁时约为46厘米,2周岁时约48厘米,5岁时50厘米,15岁时接近成人,为54～58厘米。头围过大多见于脑积水,过小则可能为大脑发育不良引起的头小畸形。

[①] 朱小烽.儿童青少年体适能评定与健康促进[M].成都:西南交通大学出版社,2020.

[②] 同上。

4. 胸围

胸围是指经胸部乳头下缘和两肩胛下角水平绕体一周的围度,代表胸廓和肺的发育。出生时胸围比头围小 1~2 厘米,平均为 32 厘米,在生后第一年发育最快,可增加 12 厘米。一般 1 岁前胸围小于头围,1 岁时胸围约等于头围(头、胸围交叉时间),1 岁以后则胸围大于头围。

3~12 岁儿童胸围(厘米)= 头围(厘米)+ 年龄(岁)−1(厘米)。

5. 坐高

坐高是由头顶至坐骨结节的长度(3 岁以前可卧位测"顶臀长")。坐高可表示躯干的生长情况,与身高比较时可说明下肢与躯干的比例关系。由于儿童 1 岁以后至青春期前身高的增加主要是下肢的增长,因此坐高占身高的百分比随年龄而降低,一般出生时坐高约占身长的 66%,4 岁时为 60%,10 岁时为 54%。当儿童患软骨发育不良症、克汀病等时,坐高占身高的百分比明显增高。

6. 上部量与下部量

人体长度以耻骨联合上缘为界,可分为上、下两部分,分别称为上部量和下部量。上部量主要表示头及脊柱长度的增长,下部量代表下肢长骨的生长。新生儿下部量比上部量短,二者分别占 40% 和 60%,身长的中点在脐以上。之后下部量增长速度超过上部量,与出生时相比,下部量长度增长 1 倍的年龄是 3 岁,而上部量增长 1 倍在 7 岁。随着上、下部量的变化,身长中点逐渐下移,1 岁时在脐部,6 岁时在脐与耻骨联合之间,12 岁左右上下部量相等,中点恰在耻骨联合上。

7. 上臂围

上臂围即上臂中部的周长,其间包括肌肉、骨骼、皮下脂肪、皮肤等内容,可间接反映皮下脂肪的厚度。小儿上臂围在 1 岁以下增加迅速,但在 1~5 岁之间仅增加 1~2 厘米,且营养良好与营养不良儿童之间差别较大,加之测量简便,因此在没有条件测体重和身长时,可用上臂围作为筛查营养不良的指标。通常不足 12.5 厘米为营养不良,12.5~13.5 厘米为营养中等,超过 13.5 厘米为营养良好。

8.皮褶厚度

皮褶厚度又称皮脂厚度,指皮肤和皮下脂肪的双层厚度。人体约1/2的脂肪贮存于皮下,且与身体脂肪总量的消耗成正比,因此可根据皮下脂肪厚度(以皮褶厚度来反映)的测量评价体内脂肪的贮备情况,进而推测营养状况。肱三头肌部、肩胛下角部和腹壁皮褶厚度分别反映肢体、躯干部和腹部皮下脂肪的贮存情况,三者的厚度均与营养状况(特别是脂肪贮存情况)有关,是评价儿童营养状况的较精确指标。

(二)骨骼发展特点

人体骨骼生长是骨的"破坏"和"建造"两个过程对立统一的结果,生长过程中建造占优势。影响骨生长的因素有很多,其中种族、遗传和激素的作用是内因,营养、微量元素、肥胖和体育锻炼是外因。

在7~9周岁,男孩与女孩的骨骼将继续变长、变粗,但总体上骨骼的生长发育速度将逐步减慢,进入骨骼发育的减缓期;在9~12周岁,男孩与女孩的骨骼发育将有所分化,男孩的骨骼发育将进一步减缓,而女孩的骨骼发育将再次进入加速期。由于女孩生长发育往往早于男孩,因此女孩的骨骼发展进入加速发展期的时间也要早于男孩。男孩12~16周岁、女孩10~15周岁骨骼发育进入加速发展期。由于骨骼生长发育过快,导致前一阶段储备的营养快速被消耗,因此该时期也被称为骨骼营养消耗期。

进入青春发育期后,男孩身高平均可增加25~28厘米,女孩身高平均可增加23~25厘米。为了能够在有限的生长周期内提高儿童骨骼生长质量,加速其骨骼生长、发育,我们应帮助儿童加强钙等微量元素的供给,以适应儿童骨骼快速生长的营养需要。通过提供合理、科学的营养膳食,延长儿童身体生长周期,给予骨骼生长更大的发展空间。

(三)生理机能发展特点

此阶段随着儿童身体活动强度逐渐提高、运动时间不断延长,其摄取氧和利用氧的能力也随之不断提高。7~8周岁时,男孩雄激素分泌水平要高于同龄女孩,两性呈现出不同的发展趋势;8~9周岁时,促进青春期男孩和女孩身体快速发展的激素变化逐渐显现出来。

（四）免疫特点

儿童皮肤、黏膜娇嫩易破损,免疫系统发育未成熟,防御能力差。新生儿可从母体中获得免疫物质,故出生后6个月内患病概率较小,但6个月后,来自母体的免疫物质浓度下降,易发生感染,因此要注意消毒隔离。

二、儿童认知能力的发展特点

随着儿童身体活动能力的增强,活动范围逐渐扩大,这样使得儿童通过肢体及感官与物理环境、人和客观物体等进行互动的机会日益频繁,身体活动和语言交流的机会逐渐增多,儿童对于物理环境、客观实物和空间概念的认识和理解也在不断加深,而且在儿童中期发展阶段中,对于事物的理解和认识朝着个性化、差异化的方向发展,如表2-2所示。

表2-2　6-12周岁儿童大脑发育与高级认知等能力的发展变化[1]

阶段划分	大脑发育	语言发展	信息加工	高级认知
7～9周岁	●7周岁时,大脑重量约为1.4千克（占其成年后大脑重量的90%）;儿童中期和青春期,大脑重量仅增加10% ●7周岁时,发育最晚的额叶基本成熟 ●白质(有髓鞘的神经纤维)稳定增长,特别是位于大脑皮层的额叶和胼胝体部分;灰质减少,其原因是突触删除和大脑半球功能的单侧化	●词汇量迅速增加 ●词的定义更加具体,涉及功能和外表 ●元语言认知增强	●注意力更具有选择性、适应性和计划性 ●能运用复述和重组等记忆策略 ●将大脑视为积极的、建构性的结构,能够进行信息的转换 ●记忆策略的知觉和心理因素(注意、动机)对任务表现的影响增强 ●实现了从"学会阅读"到"阅读学习"的过渡 ●能够运用数和计算等概念常识进一步掌握复杂的数学技巧	●空间概念理解增强,能够描画物体定位并理解地图 ●具备更强的逻辑思维能力

---

[1] 庄弼.小学体育与健康教学关键问题指导[M].北京:高等教育出版社,2020.

续表

阶段划分	大脑发育	语言发展	信息加工	高级认知
9～12周岁	9～12周岁是左、右脑协同发育时期，这个时期右脑发育逐渐趋于成熟，左脑发育逐渐加快	●词的定义。强调同义词和近义词 ●对隐喻和幽默的理解，反映了其掌握和运用词义的能力 ●具备复杂语法结构的运用能力 ●在交谈过程中，能根据听者需要提供不同的信息 ●谈话策略更加完善	●计划性增强 ●复述和重组的记忆策略更加有效；使用精细计划的记忆策略；同时能应用几种不同的记忆策略 ●长时记忆的知识库不断得以丰富 ●能够根据需要不断调节并发展自我认知能力	●皮亚杰认知发展模式逐渐被理解并接受 ●直到儿童中期末，逻辑思维一直局限在具体情境中（形象思维）

（一）大脑发育特点

随着儿童身体的生长发育，7周岁时儿童大脑重量约为1.4千克，约为其成年后大脑重量的90%，同期发育最晚的额叶脑区基本发育成熟；进入儿童中期和青春期，大脑重量仅增加10%。儿童中期大脑白质（有髓鞘的神经纤维）稳定增长，特别是位于大脑皮层的额叶和胼胝体部分白质增长尤为明显。另外大脑的灰质逐渐减少，其原因是突触删除和大脑半球功能的单侧化。

（二）认知发展特点

此时儿童能够对具体可感知的信息进行逻辑推理，随着儿童对物体感知能力的增强以及具备知觉的恒常性之后，其逐渐形成了逆向思维能力。此时，儿童能更清晰地理解等级分类、发展序列和空间结构等概念，具体表现在方向定位和识图理解能力的增强。

（三）信息加工发展特点

随着认知能力的不断增强，儿童大脑信息加工能力也日益增强。具体表现为：在思维过程中注意力更加集中且有计划性，注意的强度、抗干扰性和持续时间明显增强,特别是儿童对于陈述性知识的再识能力不断提升。

(四)高级认知发展特点

儿童中期高级认知发展的主要特点是:以具体形象思维为主要形式,逐步向抽象逻辑思维过渡。这种过渡性主要是指儿童能对具体事物的变化进行抽象推理,并揭示其本质特点。此阶段儿童的空间概念理解能力不断增强,能够准确描画物体定位并理解地图中的物体方位,同时具备更强的逻辑思维能力。

三、儿童社会情绪能力的发展特点

随着儿童身体活动能力增强,其在环境空间中的活动边界也逐渐增大,人际交往互动更加频繁。在这一交互过程中,儿童的情感、意志和自我意识都能得到充分发展。通常情况下,学龄儿童的情感比婴幼儿和少年时期的情感都要稳定,他们能经常处于比较平静、持久、稳定和愉快的情绪状态中。儿童中期社会情绪发展较早期而言有了质的飞跃,尤其是社会情绪能力的不断提升,使其能从具体"个人"的情感扩大到对整个"集体"的情感,不仅对日常生活中的事物产生情感,还会对精神生活中的事件产生情感,如表2-3所示。

表2-3 6~12周岁儿童自我意识、情感表达和社会关系的发展变化[1]

年龄阶段	自我意识	情感表达	同伴、社会关系
7~9周岁	●自我概念中开始包括个性特质和社会比较 ●自尊开始分化发展	●能识别相同情境下,个体间不同的情绪体验 ●产生由个人责任感控制的自豪和罪恶等自我意识情绪	●在解释他人感受时,会考虑更多的线索,如表面的、环境的以及过去的经历等 ●认识到不同的信息使人们产生不同的看法 ●更具责任感和独立性 ●公平分配的依据从均等、美德至善心,发生了两次变化 ●与同伴交往更具亲社会性,攻击行为下降 ●具备"去中心化"的思维能力,能考虑并接纳多种观点

---

[1] 庄弼.小学体育与健康教学关键问题指导[M].北京:高等教育出版社,2020.

续表

年龄阶段	自我意识	情感表达	同伴、社会关系
9～12周岁	●自尊不断提升 ●能区分能力、努力和运气对成功及失败的意义并能够归因分析 ●能够换位思考,学会站在他人的角度来审视自己 ●能够从第三方公正的角度来审视人际关系	●拥有一套适应性强的情绪调节策略	●赞同道德准则和社会习俗之间的联系 ●赞同个人选择,形成对个人权利的理解 ●同伴团体出现 ●在互信基础之上,选择性地与同伴建立友谊 ●具备性别角色意识,但是对男性、女性的职业角色定位持有灵活观点 ●兄弟姐妹间的竞争加剧

（一）情绪体验的特点

自我体验是伴随自我认识而产生的内心体验,即主我对客我所持有的一种态度。自我体验通常是指伴随自我认识所产生的各种内心体验,也是自我意识在情感上的表现,但不同的自我体验的产生与发展具有非同步性。一般而言,儿童的愉快和愤怒的两种内在情绪发展较早,而自尊、羞愧和委屈情绪出现较晚。儿童的自我体验与自我意识的形成与发展呈现出相似的发展趋向,在儿童中期阶段其自我情绪体验的形成、发展与自我认识、自我评价发展密切相关。

（二）道德情感发展特点

由于共同学习和生活经历将儿童聚集在一起,结伴成群、形成团体成为必然。在群体交往过程中,个体之间的相互交往变得更加频繁而密切,由此儿童便形成了受到集体公共生活规则所制约、影响和调节的道德情感。儿童在集体学习与生活中为了完成共同的任务或达到共同的目标,逐渐意识到个人、集体和国家之间的相互关系,并在学习等日常活动中产生了爱国主义情感、集体荣誉感、使命感、责任感、正义感,等等。儿童的道德情感发展具有非均衡性,表现为使命感最为强烈,荣誉感次之,良知和爱国主义再次之,幸福体验感最差。

四、儿童心理素质的发展特点

小学一年级是儿童正式过学生生活的开始,也是人生的一个转折点。儿童入学后,他们的生活环境和活动方式都发生了显著的变化。活动方式从以游戏为主转变为以学习为主,活动内容也由入学前具体的、形象的游戏转变为系统的文化知识学习。在这一时期,他们的心理素质具有以下特点。

(一)感觉和知觉特点

小学生对有明显特征的事物容易感知到,但有时感知事物较笼统,不够精确,容易把相似的事物混淆。感知事物往往是从孤立的对象开始的,他们看不出事物各部分之间的联系和主要特点。此外,他们的空间知觉发展先于时间知觉。为此,教师在组织教学活动时,应有意识地带领学生对事物进行有目的、有指向的观察,充分运用直观材料进行教学,发展他们的观察力。[①]

(二)思维和语言特点

小学生思维发展的基本特点是,从具体形象思维为主要形式开始向以抽象逻辑思维为主要形式过渡。教师要通过直观教学,逐步培养学生观察力和分析概括事物的能力。

(三)注意力特点

小学低年级学生注意力的特点是无意注意占优势,注意力不稳定,容易为一些新奇刺激所吸引。每次只能集中注意力20分钟左右。到小学高年级时,他们的有意注意可达30~40分钟。教师在教学中要经常变换教学方法,使无意注意与有意注意互相交替。教师应在学生有意注意最易集中时讲授难度较大的内容。

---

① 徐庆岩.中小学生的心理特点与教育教学措施[J].心理学探新,1993(2):77-83.

（四）记忆力特点

（1）具体形象记忆占主要地位,抽象记忆能力正在发展中。儿童容易记住他们感兴趣的一些事物,并且记得牢、记得快。

（2）识记的方法以机械识记为主,往往以为能把书本上的语句背出来就算完成了自己的学习任务。实际上,虽然他们有时会背了,但却没有真正理解所学内容。

（3）儿童不善于掌握自己的记忆,不考虑自己所学的东西是否真的记住了。为此,教师在教学中要讲清教材,在学生理解教材的基础上,逐步引导学生学会分析、综合、比较,用形象、概括等思维方法去识记教材,发展学生有意识记的能力。

（五）想象力特点

小学低年级学生的想象富于模仿性与再现性,他们的想象具有较多的幻想性。教师可以通过直观教学,结合参观、实验等活动,丰富他们对外界的感知。

（六）情感特点

小学生情感的突出特点是富于表现,情感不稳定、不持久、爆发快,表现明显而容易转变,情感表现得浮躁,不够深刻。因此,从小学一年级开始就必须培养儿童健康的、积极的情感,克服不健康的、消极的情感。小学生的独立自觉性尚差,幼稚性和依赖性明显,在生活、学习、活动等各方面,都需要成人监护和具体指导。在小学,特别是中、低年级,教师的威信往往高于家长,学生对教师有一种特殊的依赖心理,对于教师的要求、教师讲的道理、教师的评价等均有信服的意向,比较容易接受教育。所以,教师应珍惜儿童的这种心理状态,尽职、尽责、尽心地培育学生。

第三节　儿童体育教育发展现状

在所有的课程中,体育课可以教得最好,让儿童兴趣盎然,也可以教得最坏,让儿童厌恶。当今体育课的现状并不能令人满意,社会的进步对儿童身体健康发展提出了更高的标准,而培养儿童身体健康的体育课却不受儿童欢迎,从而形成了矛盾。

一、体育教育思想不够科学

体育教育思想的科学化主要体现在如下方面:首先,根据社会发展和儿童身心发展的特点进行体育教育,即体育教育要与社会发展的需要相适应,体现了教育活动与社会需求之间的必然联系,从而决定了体育教育目标以及与之相适应的教育内容、方法和手段,体育教育要与儿童身心发展的特点和儿童的可接受性相适应;其次,体育教育的教养、发展、教育的职能是在体育教育过程中统一实现的;最后,重视体育教育过程中的信息反馈,体现"以教师为主导,儿童为主体"的教育指导思想。在体育教育过程中一定要遵循上述思想,科学开展体育教育。

二、体育教育目标设置不够合理

当前,体育教育目标日趋综合化,这主要表现为如下方面:首先,掌握体育知识技能与发展儿童的智能相统一。体育教育是从属于学校教育的一个子系统,是学校教育目标系统的一个具体的方面。掌握体育知识、技术技能与智能的发展是紧密联系、互为条件、互为作用的,两者是辩证统一的过程。在制定体育教育目标时,不仅要把传授体育知识、技术技能作为教育目标,而且要把发展智能、培养创造能力作为体育教育的基本目标之一;其次,认知因素与非认知因素协调发展。儿童的全面发展不仅是认知因素方面的发展,而且涉及情感、意志、兴趣等非认知因素方面的发展；最后，注重儿童身心和谐发展。而很多学校在进行儿童体育教育时并没有明确的目标，只有在上述基础上科学设置教育目标，才能更好地达到效果。

三、体育教育内容不够丰富

儿童体育要达到的目的，是使儿童人格获得全面的发展，使儿童体、智、德、美诸方面都得到令人满意的提升。众所周知，身体的发展是心理发展的前提和基础，没有健康的身体，心理发展就会不健全，就会产生缺失。没有健康的身体，其他方面的发展就会没有坚实的地基，就是无从谈起，儿童时期是长身体的关键时期，是生理发展、心理发展非常重要的不可逾越的阶段。

我国心理学家李惠桐在儿童心理学研究中发现，动作和动作技能的掌握对儿童心理发展有重要意义，对儿童智力发展和个性形成也有很大关系。一定数量的动作技能的掌握可以帮助儿童及早摆脱对成人过多的依赖，学会独立自主地活动，开阔眼界，增长知识。动作技能又是儿童与儿童之间交往的工具，动作技能发展较好的儿童容易受到同伴的欢迎和好评。由此可见，在学前期重视儿童动作和技能的发展是十分必要的。

玩，对于儿童来讲并不是可有可无的，缺少玩的环节儿童就无法完成社会化，人格也将不健全，儿童的思维和动作终生将不协调。玩是掌握动作技能和锻炼身体的代名词，在这里我们看到的玩、游戏、动作训练等都是幼儿园体育活动、体育课的内容。当前我国儿童体育教学的基本内容，大致包括四个方面：①走、跑、跳、投、钻、爬、攀、平衡等身体基本技能的练习；②基本体操的练习；③轻器械类的活动；④游戏。这些体育教学内容不是凭空想象出来的，是依据儿童的身心特点和发展目标，科学地筛选出来的，是根据儿童发展需要和现有教学条件和教学环境确定下来的，是直到目前来说最为合理的正确的选择。但是，即便如此，很多学校在发展儿童体育教育的时候依然无法遵循上述体育教育内容，仅仅包括其中的部分内容，无法做到全面发展。

第二章　儿童体育教育概述

四、体育教育模式不够灵活多变

一堂好的体育课要面对不同对象的需求，提供不同的方法、手段与步骤。具有针对性的理念与步骤的结合既是体育教育模式的灵魂，也是上好一堂体育课的基本保障。也就是说，体育教育的模式探索和推广能推进体育教育理论的实际应用，它能使经验不足的体育教师有章可循，从而保证了大范围内的体育教育质量的提高；还可以为经验丰富的体育教师提供体育教育多样化的发展条件。如果我们尽可能客观地展示各种体育教育模式，了解各种体育教育模式的长短和适用范围，通过比较、鉴别、交流达到提高的目的，这样既利于学习体育教育模式，又利于克服体育教育模式化。

灵活多变的体育教育模式能够有效地促进儿童的学习，开发儿童的潜能，这在体育课中显得尤为重要。随着学校教育改革的推进，新体育教育指导思想的形成与指导地位的确定，要求在教育过程中不仅要关注技能学习以及增强儿童体质、树立健康第一的主导思想，更重要的是培养儿童的体育兴趣与终身体育的习惯。在体育教育中越来越关注儿童的主体地位，强调根据儿童的身心特点、发挥儿童积极性、促进儿童主动参与已经成为体育教育中的新风尚，很多新的教育模式不断提出，体育教育模式逐渐由单一化向多样化转变。因此，只有指向儿童的体育教育研究才真正具有生命力，才谈得上具有实际意义和价值。体育教育模式作为体育教育论和体育教育实践紧密结合的产物，既是体育教育论在体育教育实践中的应用，又是体育教育经验系统化、理性化的概括，它和教育学的关系最为密切。

然而，在当前儿童体育教育过程中，很多学校或学校的老师却不能灵活运用多种体育教育模式。体育教师忽视对体育教育模式的研究、学习和运用，造成教育观点落后、教育模式的单一、僵化。这就导致不能在更高层次上提高教育效率，促进儿童健康地发展。

五、体育教育环境、手段现代化程度亟需提升

很多学校在进行儿童体育教育时往往只是为了完成任务、敷衍了事，在环境和手段上不能跟上现代化的步伐，体育教育环境、手段现代

化程度亟待提升。

  首先,在体育教育环境方面,主要体现在:一是体育教育场馆、设施的现代化程度不足;二是在体育教育中不注意营造良好的心理环境,不注重良好体育学习风气和氛围的形成。

  其次,在手段现代化程度方面,主要体现在:一是在体育教育过程中不能做到广泛运用多媒体、电化教育技术作为体育教育的辅助手段;二是体育教育器材陈旧,没有向普适性、多功能方向发展。

第三章 儿童体育教育的意义

体育是向儿童进行全面发展教育最重要的组成部分。在体育过程中,不但有促进儿童身体健康、心理健康和适应能力的作用,还可同时综合实现智育、德育、美育及劳动教育的任务。儿童正处在生长发育的重要阶段,体育不仅直接影响儿童有机体的生长发育,促进健康,增强体质,而且也是向儿童进行体、智、德、美全面发展教育,并使之成为社会主义一代新人的重要方面。也可以说,体育是向儿童进行全面发展教育的物质基础。[①]

第一节 促进儿童身体健康

儿童的生长发育是受先天遗传和后天环境双重作用的复杂生物现象,在诸多环境因素中,合理营养是生长发育的物质基础,体力活动是生长发育的源泉。体育运动和体力劳动是促进身体发育和增强体质的最有利因素,体育锻炼作为自觉的、有目的的自身改造手段,可以充分发挥机体的生长潜能,有效利用各种营养物质,促进新陈代谢,全面提高人体形态、功能的发育水平,提高细胞免疫活性及体内非特异性免疫水平。[②]

运动生理学的研究表明,人体的生长发育有赖于身体的新陈代谢活

---

① 孙纪贤,陈冬华.儿童体育锻炼指南[M].北京:中国和平出版社,1988.
② 叶广俊.现代儿童少年卫生学[M].北京:人民卫生出版社,1999.

动的水平。新陈代谢旺盛,则发育良好;否则,就会导致发育迟缓或产生发展障碍。

如果说营养提供了生长发育所需的物质基础,卫生和安全措施提供了生长发育所需要的环境保障,那么,体育锻炼则是通过人体自身的运动,提高了人体的新陈代谢水平,从而进一步促进了人体的生长发育。

评价生长发育的指标主要为体格指标,如身高、坐高,上、下肢长度,肩宽、骨盆宽、髋宽、胸围、上臂围、大腿围和体重等。调查表明,同年龄、同性别的儿童,经常参加体育锻炼的比不参加的身高要高 4～12 厘米。

一、增强骨功能

体育锻炼能促进全身血液循环加快,使骨骺软骨板中的细胞不断分裂、增殖和骨化,使骨骼增长更快、长度更长,骨骼更结实、粗壮。骨质疏松会引起骨裂,骨裂在各个年龄层次的人群中均会发生。有规律的体育锻炼,可以提高骨质密度和骨的强度,预防骨裂。

合理的体育锻炼可以促进儿童的运动系统的生长发育。儿童的骨处于骨化过程,骨有机物含量多、可塑性大,长骨两端仍保留使骨增长的骺软骨。在体育活动中,骨承受各种运动负荷的刺激,可促使骺软骨细胞的正常增殖,有利于骨增长。同时,在进行体育活动中,血液循环加快,保证骨的营养供给和新陈代谢加强,从而促进骨的生长发育。因此,经常参加体育锻炼的儿童的身高比不参加体育锻炼的儿童身高要高一些。

经常参加体育锻炼,可使骨表面的隆起更加明显,骨密质增厚,管状骨增粗,骨小梁的配布更符合力学规律。骨的这种良好的变化,与肌肉的牵拉作用有密切的关系。骨形态结构的良好变化,使骨的抗压、抗弯、抗折和抗扭转等机械性能得到提高。

二、增强肌肉的力量和耐力

在体育锻炼过程中,肌肉反复用力做功,可以刺激肌肉细胞中有关能量代谢、蛋白质合成等酶活性的增加,提高肌肉细胞中能量代谢的能力,促进肌肉蛋白质的合成,使肌肉结实、粗壮、发达,肌肉力量和耐力增强。

经常参加体育锻炼,由于肌肉的活动,肌肉中血液循环增强,使肌纤维变粗,肌肉体积增大、弹性增强,肌肉工作能力和耐力相应提高;关节周围的肌肉力量增强,关节软骨和关节囊增厚,韧带增粗,从而增加关节的稳固性;参与关节运动的原动肌力量得到增强,对抗肌的伸展性得到提高,同时关节囊、韧带的伸展性也得到提高,所以,关节的运动幅度增大、灵活性提高。

三、促进消化和代谢

新陈代谢是生命活动的基本特征,机体的各种生理活动都是以新陈代谢为基础才得以进行。儿童进行适当的体育锻炼可以增强身体内的物质代谢,增大能量的消耗,因而身体需要从外界吸收更多的营养和热量。主要体现在消化道中毛细血管和淋巴管数量增加,肠胃吸收营养物质能力增强,心血管系统运输营养物质和代谢终产物的能力增强,肌肉中动员和消耗能量物质的能力提高。同时,体育锻炼使膈肌范围加大,增强对腹壁、肠胃的按摩活动,进而促进消化工作,促进肠胃的消化和吸收。另外,运动使人精神饱满、心情舒畅,增进食欲,对消化和代谢以及肾功能和内分泌等均有良好的作用。

四、提高心血管和呼吸系统功能

人的一切活动所需要的营养物质和氧气,都是通过血液循环输送到全身各组织、细胞的,同时,又把组织、细胞新陈代谢产生的废物,如二氧化碳等,运输到肺、肾和皮肤等处排出体外。所以,脉管系统就构成了遍布全身的运输线,而在这条运输线中,心脏是最重要的器官。

参加身体锻炼时,由于身体内能量物质消耗的增加和代谢终产物的增多,需要提高心脏机能,加快血液循环,以适应运动时的身体需要,这就使血液循环系统得到锻炼,在结构、机能方面得到提高。[1]

合理的体育锻炼,可以促进儿童心脏血管系统的发育,提高其功能水平。运动时,心脏的工作负荷加大,心率增加,心脏血流量增多,在冠

---

[1] 侯曼.少年儿童健康教育[M].北京:人民教育出版社,2006.

状动脉循环得到改善的情况下,心肌代谢得以增强,因此,系统的体育锻炼,可以使心肌发达,心脏的收缩力量增强,每搏输出量增加,安静时的脉率和血压也比同龄的一般少年低,且在定量负荷后,脉率增加的幅度较小,恢复也较快,从而提高了心脏的储备力。

体育锻炼可以促进儿童呼吸系统的发育,提高功能水平。主要表现在呼吸肌发达,胸围扩大,呼吸差增大,呼吸加深,肺通气量和肺活量增加,安静时呼吸频率相应减慢。少年运动员由于呼吸和心脏血管系统的功能水平的提高,最大吸氧量比一般少年大,而且,常参加体育锻炼的少年儿童,呼吸系统抵抗疾病的能力明显增强,上呼吸道疾病显著减少。

五、增加神经和体液调节功能

人体各器官系统都在神经系统的统一调节和控制下,互相协调、制约和影响,完成统一的生理机能,并且使机体的内环境与瞬息万变的外环境相适应、统一。没有神经系统的有效作用,机体就不能很好地完成其生理机能。

儿童积极参加体育锻炼,使神经系统的调节功能得到改善,使运动过程中动作准确、及时、协调、优美和省力;增强神经系统的兴奋和抑制过程,使支配各肌群的神经中枢间的协调得到改善,神经系统的灵活性得到提高,表现为人体柔韧性提高、运动速度更快、动作协调;提高大脑皮层神经细胞对刺激的耐受力,在长时间的传入冲动作用下不易转入抑制状态,能较长时间地保持兴奋,抑制有节律的转换能力,使肌肉劳动节律化,节省神经劳动,表现为活动耐力提高。

六、预防疾病

疾病的实质是机体平衡的破坏,当机体的各器官、组织、细胞的新陈代谢很旺盛且处于平衡状态时,机体表现为健康。如果平衡状态被各种条件破坏,机体表现为疾病的出现和活力的减少。儿童通过参加体育锻炼,促进机体组织的新陈代谢,可以保证机体各器官和组织得到充分的营养物质,充分发挥功能,同时避免机体的代谢产物在体内的过量和过时沉积,从而有效预防疾病的产生。另外,健康不单是指没有疾病,而且要有良好的心理素质和社会适应能力,在体育锻炼过程中,可以锻炼儿童的意志品质,从而为他们以后对社会激烈的竞争做好心理准备,避免以后因为紧张的工作、生活节奏而产生各种心理疾病。另外,在体育锻炼过程中,需要与伙伴和对手进行各种人际交往,在这个过程中培养他们进行人际交往的能力,为以后工作、生活进行良好的人与人之间的交往打好基础。

七、控制体重与改变体型

众所周知,过分肥胖会影响人的正常生理功能,尤其是容易加重心脏负担,缩短寿命。通过体育锻炼,不仅能够有效地减少多余脂肪,控制体重,提高心血管系统的功能,而且还能够增加肌肉组成比例,增强肌肉力量,保持关节柔韧性,改善体形和外表。

人的形态除了体型之外就是体姿,拥有好的体型并不意味就有好的体姿。立姿含胸驼背,坐姿脊柱侧屈,双肩一高一低,走起路来两脚尖呈"八"字形,跑起步来髋关节伸展不足,好像在"坐着"跑等,都会使一个人的形体美大打折扣。体育锻炼是改进身体姿态的有效途径之一。例如,你想跑得快,就要讲究跑步的技术,"八字脚"和"坐着"跑都明显地影响了跑的速度,因此,在练习跑步的过程中,你会主动地去纠正这些不正确的身体姿态,久而久之也就会达到矫正不良姿势、塑造完美身体形态的效果。

第二节 增进儿童心理健康

健康的心理素质是现代人健康的重要标准之一,儿童除了具备一定的文化知识、强健的体魄外,还必须具备健全的人格和良好的心理素质。体育教育是以人的身体练习来满足个体及社会的物质需要与精神需要的社会活动。少年儿童通过体育教学、健康卫生课、课外体育和运动竞赛等活动,来增强体质,促进身心全面发展。体育教育能对儿童的心理素质产生积极的影响。

一、对儿童认知能力的作用

通过普通心理学或儿童心理学的学习,我们一般都会了解到瑞士心理学家皮亚杰关于儿童认知发展阶段划分的理论。这种理论把儿童的认知发展划分为以下4个阶段:感知运动阶段(0~2岁);前运算阶段(2~7岁);具体运算阶段(7~11岁);形式运算阶段(11~17岁)。从这一理论框架出发,我们可能推导出,由于在3岁之前婴幼儿主要依靠组织感觉和动作来应付环境中的刺激,所以,这一阶段中婴幼儿身体的感知觉能力和运动能力的发展之间的联系是非常密切的。换句话来说,身体发展不良有可能严重影响婴幼儿在这一阶段中的智力发展。有许多相关的研究也不断证实,随着年龄的不断增长,运动能力发展水平对智力发展水平的影响呈现出逐渐减弱的趋势,到了一定的年龄以后,运动水平的发展与智力的发展不再呈现出明确的相互关系。这些研究结论,一方面可以看作是印证了皮亚杰的理论,但另一方面也可以看作是在皮亚杰理论框架的限制下做出的。[①]

在美国心理学家"加德纳"的多元智力理论中,身体运动智力被看作是一种相对独立的智力,这种智力在专家身上可以发展到一般人只能"望尘莫及"的水平,各种专家对特定的运动方式有着极高的敏锐感知能力、极迅速、极精确的动作反应能力以及极强有力的抗干扰能力。按照这种理论框架进行思考,其结论应该是,对于身体运动智力来说,任何时期发生的身体发展障碍都必然地会对智力发展产生影响。

让我们从另一个角度来看它。当一个人在童年时期不幸经历严重的身体发育障碍、身体虚弱、情绪烦躁、抑郁等,这都会影响诱导智力活动的倾向。在良好的教育的支持下,由于个人形成了与命运抗争的自我概念基础,仍然有可能克服物质障碍的影响,发展自己的智力。

经常参加体育活动能改善人体中枢神经系统功能,提高大脑皮层兴奋和抑制的协调职能,使神经系统兴奋抑制的交替转换过程发展平衡,从而改善大脑皮层神经的平衡性和准确性,促进人体感知能力的发展,

---

[①] 张桃臣,张维寿.少年儿童体育锻炼原理与方法[M].石家庄:河北教育出版社,2012.

使大脑思维想象的灵活性、协调性、反应速度等得以改善和提高。体育锻炼使儿童感知敏锐、思维灵活、想象丰富。

二、对儿童情绪、情感的作用

根据一般的常识人们都知道：由于3岁的儿童在身体上能够自由活动，并独立通过身体探索周围的环境，与照顾者发生冲突，有人称之为"第一反抗期现象"；7~8岁时，由于认知发展与成人的期望不符而再次发生冲突。导致儿童在这个时期对成人管教产生消极抵抗，所以这个时期有时被称为"第二抵抗期"；在青春期，在荷尔蒙的作用下，加速性器官发育成熟。身体重新适应新激素水平过程中的不适感，性意识觉醒后新增加的心理矛盾等，都非常容易诱发大起大落的情绪体验，以及青少年抑郁症和其他精神疾病；到了老年，基本上进入"退化"发育阶段，尤其是当激素水平低于正常水平时，在这一过程中涉及各种身体问题和疾病，这往往会损害精神状态。一种令人紧张、焦虑，甚至加剧衰老的压抑状态，人们通常将这种现象称为"更年期"。此外，由于身体无法继续胜任工作而离开充实的"上班族生活"，这一系列由于身体和情绪的复杂反应，给人带来不同程度的困扰。

当然，在每一次危机或冲突阶段出现时，这些不适问题如果调节得好，就有可能使身、心两方面都能尽快摆脱不安宁的状态，并使健康自立的人格又提升到一个新的发展水平。但如果不能够妥善调节，也有可能使人长久陷入消极的情绪状态而不能解脱，最终形成具有病态倾向的人格。

体育锻炼对儿童情绪、情感具有调节作用，有助于不良情绪的宣泄。

三、培养良好的心理品质、促进社会化进程

首先我们来看这样一些熟悉的例子。

例一，女孩上了小学六年级还习惯于弓着背走路，不管她的父母怎么说，这样是丑陋的，不利于她的健康，但她就是"我行我素"。然而，当她进入高中生活的时候，又因为同学们的同样评论，开始以"自觉自愿"的毅力开始锻炼，七八年以后，最终她练成了自己的理想体态。

例二，有些超重的成年人可能会因为超胖体形感受到舆论的压力，有些人更喜欢与世隔绝,有些人选择减肥,"回归主流",有些人选择自我接纳,并创造了在另外某方面能够受到欢迎的社会形象。

例三,在那些因先天或后天原因造成的盲、聋、哑或其他方面的身体障碍者,在不同的社会环境和教育背景下,有的最终能够在属于他们自己的社会群体中正常生活,有的最终能够在所谓"主流"社会中正常生活,有的甚至成为所谓主流社会认可的"成功人士"。但是,也有许多人最终不能接纳自己,也不能被社会用正常的方式接纳。

仔细思考以上例子,我们不难得出在前面我们已经反复得到过的结论:身体发展状态,的确会对人的社会性发展产生影响;但是,人的社会性,特别是提高自己、改变命运、力争融入社会甚至改造社会的主观能动性,也的确能够反作用于身体的发展,克服甚至超越自身身体发展的障碍。

然而,我们仍旧不得不特别关注下面的问题:在儿童发展的早期,特别是学龄前阶段,无论在身体发展方面还是在心理发展方面,儿童的自我保护和自我教育的能力都十分有限,如果儿童的照管者在提供保护和教育支持方面一旦失当,就极其容易造成儿童身体发展或心理发展本身的以及身心发展之间消极影响的恶性循环。身体发展滞迟或有障碍的儿童,在与同伴相比较的过程中,容易产生自卑感或羞耻感,容易产生消极的自我评价;在与同伴的交往过程中,受接纳的机会少而受排斥的机会多,长期积累的自我否定和被他人否定的经验,极容易导致社交退缩和自我封闭,或者导致养成攻击性、破坏性、反社会性的人格倾向。目前已经有研究注意到,学前期就开始过度肥胖的儿童,不仅更容易影响其运动兴趣、运动能力以及身体机能的正常发展,而且还容易影响其在儿童群体中的受接纳程度,甚至还可能引发注意力不集中、多动、攻击或退缩以及其他学习障碍问题和社会行为问题。

小学教师应该充分认识和利用体育教育的影响力,更好地帮助儿童从参与体育活动的过程中去获取体育教育的价值,帮助其培养良好的心理品质、促进社会化进程。

第三节 提高儿童适应能力

人类最初对自身的早期社会性发展也有不少是建立在对动物的行为观察上。因为人希望能够追溯社会性的更早期的生物性起源。从幼小的动物的亲子关系研究中人们早已经发现，小动物不仅仅是因为父母特别是母亲作为食物的来源而流连于父母身边。

在许多不同种类的动物幼仔那里，我们往往可以明确地观察到子代的安全（遇到危险迅速逃避到亲代身边）、舒适（追寻与亲代间的身体接触）需要以及娱乐（与亲代打闹玩耍）、学习（在亲代指导下觅食或捕食等）需要获得满足的过程。

在对人类儿童的研究中，人们一再发现：早期母婴关系良好的2岁前儿童，有母亲在场的情况下，会更愿意对周围的陌生环境进行探索。如果说这种情况能够对体育有什么启示的话，亲子之间愉快的情感交流以及身体接触，如拍打、抚摸、揉搓、"哈痒痒"等肌体刺激，伴随音乐或儿歌的被动体操等活动，这些不但能够起到体育锻炼的作用，而且同时也有助于儿童建立最初的有安全感和信任感的人际关系。[1]

虽然在儿童发展的领域不乏对儿童社会性发展的研究，但直接与体育实践有关的却几乎是空白。为了向教师在体育领域内的工作提供有关参考和促使今后有可能出现专门的填补空白的研究，在此将介绍一些相关研究。

适应本是一个生物学的名词，它是指植物与动物对外界环境的适应并生存的过程。社会适应能力又称社会健康，是指人为了在社会上更好地生存而进行的心理和生理上的各种适应性的改变，并对改变做出行动的一种能力。社会适应能力的内容一般包括个人生活自理能力、基本劳动能力、选择并从事某种职业的能力、社会交往能力、道德规范约束能力。从某种意义上来说，社会适应能力就是指社交能力、处事能力、人际

---

[1] 姜天赐.解读体育活动与儿童健康体质的探讨[J].当代体育科技，2017，7（18）：248-249.

关系能力。同时,社会适应能力也是一个人综合素质能力高低的间接表现,是这个人融入社会、接纳社会能力的表现。

社会适应包括的内容非常广泛,但是,作为体育锻炼,应该把重点放在帮助学生理解个人参与体育活动的权利和义务,提高人际交往技能,培养关心他人、社区和社会健康问题的责任感,正确处理合作与竞争的关系,表现出良好的体育道德等方面的内容上,并引导学生把这些社会适应能力迁移到日常学习和生活中。

一、有助于儿童形成和谐的人际关系

现代社会进步和科技发展在给现代人带来无数便利的同时,生产方式和生活方式的变化也造成了人与人之间感情交流匮乏,人际关系疏远。而体育锻炼能改善儿童人际关系,在加强儿童人际交往、促进心理相容、培养心理适应能力方面具有重要作用。

体育锻炼的竞技性和群体性为儿童的人际交往提供了机会。体育运动过程中存在着人与人之间、个人与集体之间、集体与集体之间的相互交往,这种交往通过群体成员对体育活动的共同行为倾向,产生情感上的沟通,进而有彼此友爱的感受和心理倾向。

体育锻炼中不必用言语即可相互交往,亦可找到志趣相投的知音。他们可以通过一个手势、一项活动等直接或间接地沟通信息,自觉不自觉地产生一种情感,并能获得较高的安全感和自信心。

体育锻炼中必须服从裁判、尊重观众、团结同伴,努力控制和约束自己的行为,这有利于培养儿童在交往中的团体规范意识,加强自身的责任感。

一些集体性体育锻炼项目本身就对参与者提出了相互交流、相互信任、相互鼓励的要求,人们只有默契配合,发扬团队精神,才能获取好的成绩。这不仅有利于减轻个人的孤独感、避免人格偏差、改善人际关系,而且能帮助他们认识到自己的价值,树立自信心,从而形成健全的人格。

二、有助于增强儿童的社会竞争力

竞争是社会发展与进步的一个重要动因,人只要生活在社会中,就

摆脱不了竞争的现实。竞争存在于人们生活的各个领域的各个层面,而健康的体魄、充沛的精力、良好的素质是社会竞争力的基石。如果没有健康的身体,宏伟的目标、美好的愿望都会付诸东流。有句话说得好:"成功不取决于权力,不取决于财力,也不取决于知识,而取决于健康、精力以及能力。"

体育锻炼是促进儿童身心健康、提高社会竞争力和成就事业的有效手段。健康直接关系到儿童对未来职业的选择和事业的成就。在竞争激烈的现代社会,胜利属于那些身心能够承受巨大压力的人。

儿童要积极投入到体育锻炼中去,养成经常锻炼的习惯,在锻炼中发展身体、增强体质、磨练意志、提高适应力,以充足的体力、充沛的精力、坚定的信心和顽强的毅力迎接未来社会竞争与事业的挑战,为祖国的繁荣、昌盛作出更大贡献。

三、有助于儿童养成健康的生活方式、提高生活质量

生活方式对人的健康和社会和谐都非常重要。生活方式包括的内容较多,如饮食、睡眠、社会交往、嗜好、度过闲暇时间的内容和方式等。因为闲暇时间是人们自我发展、自我完善、自我调整的最佳时段,所以度过闲暇时间的内容和方式,对养成健康的生活方式具有特殊的意义。

体育锻炼是一个需要长期坚持的活动,"三分钟热度"式的一时热情、"一曝十寒"式的锻炼,对体能的提高和保持是没有益处的。而经常进行体育锻炼会自然而然地形成一种生活习惯,使体育锻炼成为闲暇生活中不可缺少的组成部分。体内的生物节奏将身体接受体育锻炼的刺激过程,编入体内的运转程序,每到锻炼的时间就会自然地产生运动的欲望。如果打破这种生活规律,反而会感到不舒服。按照这一程序持续地坚持锻炼,对身体健康将有极大的好处。此外,运动后体内所产生的欣快感对人形成乐观向上的性格亦有相应的帮助。

坚持体育锻炼,可以使儿童拥有健康的体魄、充沛的精力和饱满的精神。人拥有健康的体魄,就拥有了愉快生活的物质基础。如果没有健康,那么再多的财富也将失去意义。有了健康的身体,才有创造美好生活的本钱;有了健康的身体,才可能充分地享受生活。

四、有助于发展体能、提高对环境的适应能力

身体素质的发展是多方面因素促成的,但不可否认体育锻炼是其中最积极的因素之一。那些坚持科学、系统地锻炼的儿童和只有随机的一般身体活动经历的同龄儿童相比,后者在气候多变、疾病流行以及突然改变生活条件和规律的情况下更容易感到身体不适,甚至患病。而坚持锻炼的儿童还能够经常接触户外的新鲜空气和阳光,并有机会接受稍热、稍冷或有风天气的锻炼,当然会对环境有比前者更强的适应力,患病率会比前者低。身体的自我感觉良好,参与活动的精力就会更旺盛,情绪也会更积极、更稳定。

另外,单单就从事体育活动能力的角度看,经常锻炼的儿童,身体运动水平也自然会更高。

第四节 对儿童德育、智育、美育和劳动教育的作用

一、体育教育与儿童德育的相互作用

体育教育是教育儿童道德和其他精神生活、培养理想人格的重要手段。通过各种体育锻炼,可以培养儿童的智力、勇气、力量等意志品质,培养服从、纪律、互助、相爱的态度。儿童这种良好人格的发展直接影响到体育锻炼的效果。

引导儿童积极参加体育锻炼,不仅为他们的生活增添了色彩,而且培养了他们活泼开朗的性格和快乐的心情。可见,体育与德育是相互关联的,要始终注重德育与体育的结合。

二、体育教育与儿童智育的相互作用

体育运动能够加快血液循环,为脑和神经系统的有效工作以及良好发育提供更充分的能量和营养;而脑和神经系统的良好发育又不断地

为智力的发展提供更为坚实的基础。所以说,体育锻炼在脑和神经系统从事智力活动的过程中,起到了不可忽视的支持作用。

体育学习过程中大量的智力挑战,在激发儿童智力活动的同时也发展了儿童从事智力活动的能力。回顾在前面章节中所做的讨论,我们还可以进一步认识到,特别是在儿童发展的早期,儿童身体运动能力将比其他时期在更大的程度上影响儿童的智力发展。所以说,通过体育锻炼能为智力活动创造更多的机会,从而促进智力的发展。

可见,体育和智育紧密相连。正确的体育教育能促进健康,增强体质,从而为神经系统、其他一切器官和系统的正常活动,创造最良好的条件,使之头脑清醒,精力充沛,注意力集中稳定,知觉敏锐,思维敏捷,想象力丰富,记忆良好;反过来,知识丰富及各种心理活动效能的提高,也为掌握体育运动的知识、技能创造良好的条件。

有丰富内容的体育活动,不仅能发展儿童体能,而且能发展儿童的思维活动能力,本体感知能力,注意、记忆、个性、意志及反应能力,完善对空间和时间的定向等。体育锻炼能供给儿童大脑更多的养料,有利于中枢神经系统的发育,使神经系统更加灵敏、健康,为将来学习打下良好的物质基础。因此,经常进行体育锻炼,能开发儿童智力,加速人才培养。

三、体育教育与儿童美育的相互作用

体育锻炼不仅可以帮助儿童养成正确的姿势,还可以帮助儿童骨骼正常生长,使儿童肌肉饱满强壮,让儿童长高,身材匀称,身体健康,慢慢发育成长。体育锻炼的过程可以准确评估和表达儿童动作和姿势之美的能力,以及对服装、设备和周围环境之美的欣赏能力。

在干净优美的环境和空间中进行体育锻炼,可以通过适当健康的动作和姿势,以及清晰的节奏和活泼或优美的音乐,培养儿童的美感、感知力和表达力。

在集体体育锻炼中,还可以培养儿童的美德、举止、诚实和谦逊的表达。例如,当游戏过程中发生意外碰撞时,儿童可以主动说:"对不起"和"没关系"等礼貌用语,可以避免冲突。因此,体育锻炼有助于实现儿童美育。

四、体育教育与儿童劳动教育的相互作用

从小对儿童进行劳动教育,使其养成良好工作习惯是十分重要的教育内容之一。在体育教育过程中,也可以达到一定程度的劳动教育。一方面通过运动促进正常生长,增强体质,为以后的工作打下良好的身体基础;另一方面,在体育锻炼的过程中,可以训练儿童帮助老师组织和整理工具和用具,帮助他们养成工作习惯,量力而行。

总之,体育教育与德育教育、智力教育、美育教育、劳动教育是密切相关、密不可分的。它不仅可以促进其他几育的发展,而且也是其他几育的物质基础。

第四章　儿童体育教学

儿童体育课在整体教育活动的流程中,占有重要地位,以任何理由取消体育课或忽视体育课的做法都是不正确的。体育教学是儿童身体运动的实践和思维积极活动的认识相统一并相联系的过程。目前,我国儿童体育教师在教学实践中,创造了很多教学方法,这些教学方法只有在一定条件下,才能很好地发挥作用和产生上佳的效果。所以,我们要勇于探索,勇于实践,要结合实际情况选择教学方法。

第一节　儿童体育教学内容

体育是一门以身体练习为主要手段、以增进学生健康为主要目的的必修课程,是学校课程体系的重要组成部分,是实施素质教育和培养德智体美全面发展人才不可缺少的重要途径。新课标虽然规定了课程目标,但对完成课程目标所需的内容,只提出了一个大体范围,各地区、学校、教师和学生都有相当大的选择余地。同一个目标,可以用多个教材来实现;同一个教材也可完成教学目标的多个方面。在小学体育教学过程中,科学地选择与构建教学内容,对于体育教学来说非常关键。但是,在教学中教师对于这个问题的认识以及在教学中的操作有着很大的差异。如何选择与构建儿童体育教学内容是小学体育教学中需要高度重视的问题。

一、教学内容选择的依据

依据在这里是指教学内容是根据什么进行选择；而原则是指在依据的条件下所需要遵守的事项，如教师在选择教学内容时，应把握的规定与准则。课程标准是体育学科教学内容选择的指导性文件，它紧紧依据学生的身心特点及其发展的要求，具体规定体育教学内容的方向、目标、范围、体系、教学要求和考核标准等，是选择教学内容的直接依据。

1. 依据水平目标

"课程标准"所建立的三项目标管理体系告诉我们，选择教学内容必须符合所设置的目标要求，也就是说，应该考虑用什么内容去达到目标和怎样才能达到目标的问题。例如，在考虑如何达成水平目标中的"发展速度、有氧耐力和灵敏"时，每一个教师都可以有自己的设计思路，如果是首选发展有氧耐力的目标，那么，用什么内容去达成"发展有氧耐力"就是教师应该考虑的问题。教师可以选择有氧健身操和跳绳这两个学习内容，也可以选择健身跑和球类活动，无论选择什么内容，其目的都是达成"发展有氧耐力"这一教学目标。

2. 依据学生的身心发展特征

教学内容的选择与学生的兴趣爱好有很大的关系，水平一到三学段的学生都处于生长发育期，无论是生理上还是心理上，对运动都有一定的需求。传统上选择体育教材时并不考虑这一点，仅仅是考虑到教材内容的系统性与完整性，从单纯的竞技运动角度来设计教材内容在各年级中的分配，因此造成了教材内容与学生身心发展特征不相适应、学习内容远离学生生活经验和生活实际的弊病。例如，在投掷教材中选择了推铅球教材，其系统性当然是很强的，从原地到滑步，从侧向到背向，从较轻到较重。这种教材的安排从理论上讲是完全合理的，但是从学生的身心发展特征来看，则是很不合理的，因为推掷动作恰恰是生活中比较少见的，而更多的应该是投掷和抛掷。以后的投掷教材虽然选用了实心球作为主要教材，但并没有真正地改善教学效果，因为实心球教材缺乏内容的变化，单调、枯燥与乏味，不能激发学生的兴趣，也不可能形成爱好,更不能成为终身锻炼的手段。国外在选择投掷教材时,通常用的是垒棒球和飞盘,这些运动非常适合学生在该年龄段的身心特征,既具有发展体能的特点,又具有良好的竞赛性特征,变化多、趣味性强,是学生最喜欢的运动方式之一。

3. 依据学校的实际条件

教学内容的选择应该立足于学校的实际状况,如场地条件、师资力量、器材设备和办学规模等。限于我国各地目前教育的实际情况,要全盘地照搬国外的教学内容是不可能的,因此,如何根据自己现有的条件来选择最适合学生发展需求的教学内容是非常重要的。在一些规模小、办学条件较差的学校,要选择如垒棒球、飞盘之类的投掷器材完全不可能。那么,我们是否可以考虑选用软式的橡胶小皮球、自制的小沙袋,甚至毽子、羽毛球、板羽球等作为投掷器材?即使在那些办学规模较大、办学条件较好的学校,也应该考虑这种因陋就简、因地制宜的做法。

二、小学体育教学内容加工的步骤

(一)学习领会

首先,要学习领会《体育与健康课程标准》的各项要求和规定,以及小学体育教学内容的原则和程序,然后罗列出所有可能成为体育课程运动实践内容的体育运动素材,当然数量一定会很多,因为体育课程的内容具有多功能性和多指向性的特征。

(二)调查访谈

调查访谈对象包括教师和小学生。调查访谈主要内容包括教师的实际情况(如专项水平、技能、教学经验等);学生的实际情况(体育基础、身体基本活动能力、兴趣爱好、身体素质等)。把符合教师和学生实际情况的体育运动素材按照被选择的程度分别排列,一个学段的排列数量至少20项。需要注意的是每个学段排列的素材有可能重复。

(三)编排

编排是指根据学生的身体和心理特点、学校传统项目、场地器材条件、地区差异、气候特点等对排列的体育运动素材进行分类,根据体育课程和教学目标选择出"精中之精,重中之重""多项体验,基本掌握""大量了解,体验文化""全面锻炼,互相结合",即精学、简学、介绍、锻炼四种体育教学内容。使得学生熟练掌握某一两项运动技能,并发展成为他们的兴趣或特长。入门的运动项目很多,将来再碰上继续学习或者课余参与都没有问题。要对大多数运动项目都有基本的了解,虽说不一定精通,但是至少都知道。

（四）初步确定

主要指根据学校场地器材数量、班级数量、学生教师数量等进行综合考虑并作出调整,确定适合本校、教师、学生、教学实际情况的每一种教学内容的数量和单项学时。在全面衡量教材容量的基础上,按照每学年有效学时60学时计算,其数量和单项学时大概可以控制在:精学1～2项,15～20学时；介绍3～4项,1～2个学时；锻炼即全面锻炼的方法,5～10分/学时。

（五）罗列的内容

罗列的内容主要是单个体育教学内容的基础知识和基本技术等,如精学篮球,就可以罗列出篮球的各项技术(包括运球、传球、投篮等)、战术、规则、项目知识等内容；简学轮滑,就可以罗列出轮滑的基本技术(站立、滑行、转弯、停止等)、规则、项目知识等内容；介绍皮划艇,就可罗列出皮划艇的各种技术、战术、规则、我国及世界竞技水平情况等；锻炼可以列出走、跑、跳、投等练习方法,耐力、力量、速度、灵敏、柔韧素质等锻炼方法。

（六）师生选择

教师根据自己的专项水平、技能水平、教学经验、兴趣爱好等实际情况,学生根据自己的体育基础、兴趣爱好、身体基本活动能力、身体素质等实际情况对罗列出来的精学、简学、介绍、锻炼的单项具体内容进行选择。

（七）教学修整

根据教学目标、教学条件、教学原理、教学时数等综合考虑教师和学生选出的单项具体内容进行教学修整,最终确定每类教学内容的单项具体内容。

三、教学内容选择的操作过程

(一)基于原则筛选内容的思路

运用相应原则选择教学内容,有一定的先后顺序,其优选程序如下。

(1)根据目标统领内容的理念进行一级筛选,初选能达成目标的教学内容。

(2)根据健身性原则、终身性原则、可行性原则以及趣味性原则进行二级筛选。这些原则在运用时体现平行性。要考虑内容的健身效果,如棋牌、智力游戏等,删除学生日后不便于从事的内容和学校不具备教学条件的内容。

(3)依据效能性原则进行三级筛选。经过前面两个程序的挑选后,所选出的教学内容要根据本校校情、学生身心特点进行进一步综合考量。

(二)教学内容选用的过程

根据"目标统领内容"的理念,在选用体育教学内容时,要有整体性,在课程目标体系中,从上至下依次选择。

1. 水平阶段教学内容的选择

对于各水平阶段学生应精学的内容,大部分教师的理解都比较透彻,很多教师针对水平一至水平三教学内容的选择,提出了较好的建议。

(1)水平共性。无论哪个年级,都要以跑、跳、投为主,都要广泛学习基本运动和游戏。

(2)水平差异性。第一,针对水平一的学生,应以兴趣引领,将教学内容游戏化,以表现自我的韵律活动和舞蹈为主,如在投掷项目的练习中,可以设计投纸飞机、小沙包等。第二,水平二的学生是以学习、发展为目的,且以学习基本运动和发展体能、掌握运动技术为主,如投掷垒球的教学或投靶游戏。第三,对于水平三的学生,主要目的是提高、拓展,以发展学生速度、柔韧和灵敏素质为主,主要选择加速跑、跳远、体操、武术和球类项目,使学生在小学阶段能掌握1~2项运动技术。

因此,在选择水平教学内容时,首先要考虑其共性,即学科教学特质,在这个基础上去选择符合每个水平段的内容。

2.单元教学内容的选择

从大家的讨论来看,教师们对单元类型和单元长度的认识有一定的分歧。

(1)关于单元类型认识上的分歧

第一种认识是"活动单元"。如将各种姿势的走集中在一起进行教学。第二种认识是"情境单元",创设一个情境即为一个单元,如"小动物智斗大灰狼"。第三种认识是"项目单元",一般是以教学单项为一个内容,如跳远、跳高等。第四种认识是"技能单元",以某一技能为主要学习内容而构成的教学单元,如前滚翻。

(2)关于单元长度认识上的分歧

第一种观点是单元长度不宜过长,2～3课时即可。第二种观点是单元的长度视项目而定,如针对水平二学生的前滚翻教学单元,5课时后即可进行考核,而对于跑的单元,则要达到8～9课时。第三种观点是单元的长度要长一点,个别教师认为,单元长度以一个月为宜,一学期5个月,学习4～5个内容比较合适。

小学的单元类型有哪些?其长度大约几课时较为合适?笔者认为,把若干节课组成一个单元,并对教学内容进行设计时,要考虑两个因素,一是采用什么教材,二是采用什么主题。这里讲的采用什么主题主要是指实际使学生得到发展的领域是什么,在教学中实际要解决的问题是什么。

一般情况下,在设计一个单元的内容时,既要考虑教材,又要考虑主题,两者是不可分离的。在此,可以根据所考虑的重点不同,作如下分类:在单元构建时,以考虑主题为主,考虑教材为辅,所设计的教学单元称之为主题单元;部分教师在单元构建的过程中,以考虑教材为主,考虑主题为辅,这时设计的教学单元称之为教材单元,即活动单元、情境单元、项目单元和技能单元。根据上述分析,可以把教学单元分为两类,即主题单元和教材单元。对于单元的长度,小学低年级一般为1～3课时,中高年级一般为3～5课时。

（三）单元内教学内容应灵活搭配

大多数参与讨论的教师认为,应该对单元内的教材内容进行搭配,并提出了较好的建议,如可以在短跑教学中适当搭配一些跑跳内容,或者搭配一些游戏等。但也有个别教师认为,不需要进行任何搭配。

显而易见,复合单元存在着教材内容之间的搭配问题,笔者认为,教材内容的搭配主要包括基础体能与游戏的搭配、竞争性游戏与表现性运动的搭配、基础技能与表现性运动的搭配。每一个教材基本上都有其固有的特点与价值,但也有其不足。教师要能够将不同的教材合理搭配,发挥其不同的优势,更好地为学生的身心发展服务。

四、小学体育教学内容的价值判断

小学体育与健康课程对于提高学生的体质和健康水平,促进学生全面和谐发展,培养社会主义现代化建设需要的高素质劳动者,具有极为重要的作用,显示出极其重要的价值。但由于受体育教育观念和体育教学指导思想的影响,人们对小学体育教学内容价值的认识角度往往不一样,它的发挥程度也是有差异的,因而导致小学体育教学内容的价值也难以充分体现。素质教育思想提出以后,通过反复的讨论和理性的思考,人们理解了素质教育的内涵,明确了素质教育与人才培养的关系,素质教育思想得到了广泛的认同,体育教学思想也打上了素质教育的烙印,从而体育也纳入了素质教育体系,并由此引发了人们对体育价值的重新审视,使体育人才培养目标以及人才培养质量建立起了更广泛的联系,它的多功能特点进一步为人们所认识。

（1）小学体育教学内容的学习具有培养学生自主学习能力的功能。培养学生自主学习能力就是要使体育教学有利于学生的进一步学习,引导学生在学习中掌握学习方法、具备进一步学习的能力。在这种情况下,基本知识和基本技能学习仍是十分必要的,只不过知识与技能不再是必须接受的,而是一种可以探讨与探究的。所选教学内容作为一种"文化中介",就要很好地发挥范例的作用,激发学生学习的积极性,引发学生发现问题,促进学生深入思考和探究,并通过自己的经验来主动建构新的认知。

（2）小学体育教学内容的学习具有对学生进行思想教育的功能。

这里的思想教育功能与以往的思想教育有着本质的不同,所选教学内容应更加关注学生的情感、态度与价值观的发展,让学生把知识学习、能力培养与情感体验有机地结合起来,提高自身的整体素质,注意加强爱国主义和辩证唯物主义教育,培养学生热爱大自然、热爱生命的思想情感,注重体育人文精神的培养等,使其具有良好的素养和养成良好的生活方式。

(3)小学体育教学内容的学习具有培养学生创新思维的功能。在我国的教育实践中,不管是体育教学还是其他学科的教学,对学生的创新意识、创新能力的开发普遍得不到应有的重视,这固然有诸多方面的原因,但课程的教材、教法也是其中的原因之一。所选的体育教学内容应在学生不同的学习阶段和教育阶段提出不同的问题,设置一些创新性的实践活动,这种要求的标准应因人而异。可以根据现实生活,选择一些内容新颖又贴近生活的素材,通过这种途径培养学生的创新意识,提高学生的体育素养。

(4)小学体育教学内容的落实具有培养教师进行创造性教学的功能。新课程对体育课所选教学内容的要求比较灵活,主要是在国家《体育与健康课程标准》的指导下,由体育教师根据实际情况自主编制或对现有教材的再加工。教学的内容更具地方特色和时代气息,很受学生的喜爱,应该和学生进行交流和对话,不断构建知识,使教师从学生那里获得灵感或者受到启发,使教学具有创造性、新颖性。要实现小学体育教学内容的功能与价值,体育教师就应该树立教学内容是引导学生认知发展、学习生活、人格建构的一种范例的教材观,选择一些与现代生活相接近、有助于培养学生体育素养、终生体育意识及能力、自主学习体育知识能力的内容作为小学体育教学内容。

第二节　儿童体育教学方法

为实现体育活动的目标,保证儿童掌握各种动作技能,促进其身心和谐发展,必须采取正确的教学方法,以及对各种教学方法的正确使用。

第四章　儿童体育教学

一、儿童体育教学常用方法

（一）讲解法与示范法

1. 讲解法

指导儿童掌握基本运动技能。在儿童体育教学指导实践中，讲解法的应用需注意以下几点。

（1）讲解的内容应符合儿童的认知水平和理解能力，教师应使用儿童熟悉和能听懂的语言进行讲解，语言应简明扼要、重点突出。

（2）讲解时语言应生动、有趣、有感染力，应善于运用语调、节奏、表情和手势等变化，激发儿童参加体育活动的热情和兴趣。[①]

（3）讲解应富有启发性，可适当结合提问的方式，启发儿童积极思考。

（4）讲解与示范相结合。要把握好时机，抓住动作的关键环节和相关要领，使讲解和示范与动作练习密切结合。

2. 示范法

示范法比较直观，在运用时应注意以下几点。

（1）示范应有明确的目的性。每次示范应考虑活动任务的要求、动作结构及儿童的特点等具体情况。例如，教师教授新动作时可先做一次慢速的或局部的示范，也可与讲解相结合或伴随语言提示进行示范。但示范的次数不宜太多，以免儿童产生混淆。

（2）示范应选择合理的位置和方向。体育教学活动中的示范方向（示范面）一般有四种，即正面、镜面、侧面和背面。教师应根据队形和动作的性质，选择全体儿童都能看到的位置进行示范。示范方向也要根据动作的结构和要求而定。例如，教授新动作时教师一般采用正面示范；带领儿童练习时常用镜面示范；动作路线复杂、方向变化大时，一般采用侧面、背面示范。

（3）示范应正确、生动、富有表现力。示范时应按照动作技术要领、顺序和要求来完成，充分展示肢体动作的魅力，激发儿童学习的兴趣和

---

① 荣慧珠.学前儿童体育教育[M].西安：西北大学出版社，2017.

积极性。

（二）练习法

练习法是指通过讲解示范,让儿童在教师的指导下进行各种动作练习。练习法包括重复练习法和变换练习法等,教师可根据活动的不同阶段和儿童的实际情况进行选择和运用。运用练习法时应注意以下几点。

（1）教师应及时纠正儿童的错误动作,分析错误动作产生的原因,有针对性地给予具体的指导和帮助。

（2）遵循循序渐进的原则,合理安排练习与休息的时长,使儿童情绪饱满地投入到体育活动中。

（3）采取多种活动形式提高儿童练习的兴趣和积极性,从而提高其练习效果。

（三）口头提示与具体帮助法

口头提示是指儿童进行动作练习时,教师用简短明确的语言提示或指导儿童正确地完成动作。例如,儿童练习跳远时,教师适时提示"摆臂""腿蹬直"等。具体帮助法是指教师针对个别儿童进行具体指导。

（四）情境创设法

情境创设法是指教师利用一定环境、材料模拟出特定的场景,促进儿童身临其境,积极主动地投入到体育活动中的教学方法。在运用情境创设法时,教师不仅需要对物质环境、内容创设进行有效设计,同时还需要通过行为、态度及情感等方面的积极表现引起儿童的共鸣,达到"共情"的效果。

二、儿童体育教学方法的应用

体育教师在选择体育教学方法时,必须考虑教学方法选择运用的"整体优化性"。"整体优化性"具体措施如下。

第一,注意多种教学方法的比较,从众多的教学方法中选择出与有关教学内在规律最吻合、最有利于教学目标达成、最能将教材的多种价值体现出来,最具可操作性的教学方法。这就要求体育教师要认真分析各种教学方法的特性及其适用条件,从多种角度审视教学方法的效用,不能把教学的目光仅仅停留在运动技术的传习或是体能的训练上,而是应透过运动技术的学习或对身体的影响,考虑学生主体性的发挥,停留在体育学习的良性心理体验和创新意识、主动意识及其培养等潜在教学价值的充分发掘上,真正做到对所选择的有关教学方法"心中有数"。

第二,注意多种教学方法的合理配置组合。在实际实施的教学操作中,教学方法的运用并不是孤立的,而是"你中有我、我中有你"地把多种教学方法交织组合在一起运用。如运用分层教学法时,还必须把语言法、直观法、预防改正错误动作法和多种练习方法渗透其中,单独孤立运用的分层教学法是根本不存在的。又如运用信息教学法的同时,结合教师的语言启发和适当的动作示范,教学效果将会更佳。因此,教学方法的选择还必须要注意从多种教学方法整合的角度认真考虑。在选择有关教法时,必须同时考虑学法的运用;在着重选择某一教学方法时,还必须辅以其他教学方法。只有这样,才有可能产生整体的教学效益。

第三节　儿童体育教学组织

体育教学组织是指体育教学活动中师生相互作用的结构形式,是师生的共同活动在人员、程序、时空关系上的组合形式。采用合理的体育教学组织形式,有利于提高体育教学的效率,并使各种有效的教学方法和手段得以在相应的组织形式中运用,也有利于促进教学活动的多样化,从而实现教学的个性化。

一、体育教学组织的基本过程

(一)体育课的准备

1.钻研教材,设计教法

教材是一堂课的依据和内容,组织教法是如何上好一堂课的重要保证。熟悉教材、钻研教材、研究教法是提高体育课堂教学效果的重要环节。体育教师应认真钻研课程标准和教材,明确教材的意义、任务、特点、内容、要求,不断总结教学经验。设计的教法要灵活,手段要多样,让每个学生有充分发挥自己特长的机会,从而体验到获得成功的快乐和喜悦。

2. 了解学生,准备场地器材

全面了解学生是提高体育教学效果的根本保证之一。教师要分析学生的不同年龄特点、身体健康水平、体育基础心理状态等因素。要因人而异地采取相应的教学手段,达到提高课堂教学效果的目的。对待怯懦、胆小、反应慢的学生应多表扬和鼓励,培养他们的自信心。对待活泼、爱自我表现,情绪波动大的学生应少表扬,多引导他们发挥其特长,做好每一个练习,培养他们善于集中注意力的良好品质,促使他们不断增强意志、精益求精,从而更好地完成学习任务。

3. 编写体育教学设计

教学设计的编写是体育课准备的必备环节,主要从教学时间、教学对象、教学内容、教学目标、教学过程和时间安排、教法和学法、练习次数和时间,场地器材的规划、运动负荷的预计等方面着手。

(二)体育课的实施

1. 有明确的发展体能、技能的目标

发展体能、重视运动负荷是体育课教学独有的理论和实践问题。良好的力量、耐力、速度、柔韧、平衡、协调性等身体素质,不仅是青少年健康成长的重要方面,而且是提高学生体育基本技术水平和运动能力的基础。发展体能和提高运动技能水平是相互促进、相互制约的关系,有时只有具备了一定的体能素质才能掌握和完成某项技术动作,而某些动作技术的反复练习过程也能够发展相应的体能。因此,为了提高兴趣和教学效率,应尽量避免过多使用单一、专门的体能练习手段来提高体能,而要多结合运动技能的学习和练习发展相关的体能。

2. 有科学正确、时效性强的教学内容

在新的社会历史条件下,体育教师要打破传统的"教教材"的观念,树立发展、开放的教材观。教师不能将教材的内容原封不动地"硬塞"给学生,而是要不断学习现代教育教学理论,结合学生的发展水平,把握教材,使用教材,优化教学内容,促进教学内容的现代化。要摒弃某些比较陈旧的,不符合学生身心发展的体育项目,增加具有较强时代性的、青少年喜闻乐见的体育项目,如跆拳道、街舞等具有现代元素的体育项目,以提高学生的兴趣,提高其参与的热情。

3. 运用合理的教学方法

关于体育课的教学方法有很多,每一种教学方法都有其优势,有其最合适的适用范围,也有其不足之处。教师在选择时应遵循"教学有法、教无定法、重在得法、贵在创法"的十六字方针,密切结合学生的实际情况和诸多教学条件的实际情况,合理运用教学方法。

(三)体育课的评价

体育课的评价是体育教学组织过程的最后一个环节,其目的是要及时发现体育教学过程中存在的问题,以发挥评价的反馈、激励、教学等功能。体育课的评价主要包括教学设计的评价,教师教学的评价及学生学习的评价,当前呈现出评价主体多元化、评价内容多样化的趋势。

二、体育课的教学组织

体育课的教学组织可根据需要采用全班练习、分组练习、个人练习等形式来进行。教学组织的分班形式主要根据各校的特点形成相对固定的分班模式,而在分组的形式上,可以相对稳定,可根据教学需要随时调整。采用什么样分班、分组形式进行教学,要根据学校的实际情况、学生的需要和教学条件而定。纵观我国体育教学的历程,可谓是坎坷与艰辛。新中国成立前,我国体育教学模式主要受西方教会等各种流派的影响,发展很不均衡。进入20世纪50年代以来,我国体育教学组织形式受苏联的体育教学模式的影响。之后,虽然体育教学的组织形式、结构特点也发生了几次变化,但每次的变化都只是表层上的改变,没有产生太大的变革。进入21世纪以来,基础教育课程改革给体育教学带来了新的春天,带来了更大的发展空间,为体育教师施展才华提供了表演的舞台。每次的课程改革都给人们留下追忆和新的思考。当今的课程改革,并不是对传统教学的否定,而是冷静地反思,如何在传统教学中提取精华,对传统教学的不足加以改进,注入新的教育教学理念,让体育教学更能顺应时代要求,紧跟时代的步伐,符合学校的实际,满足学生的学习需求。当今体育教学普遍采用的组织形式有行政分班、性别分班、水平分班、模块分班、大班教学、小班教学以及大课间集体活动等分班组织形式。分组的形式有行政分组、随机分组、同质分组、异质分组、帮教分组、合作分组和友情分组等形式。无论采取何种组织形式,都必须遵循体育教学原则,根据不同的教学内容,不同的学生对象、场地器材条件,选择最适合的组织形式进行有效的练习,只有采取合理的教学组织形式,才能使教学内容与组织形式相得益彰、水乳交融,才能使体育教学获得最佳的教学效果。教学中教学活动的组织形式,不能一成不变,生搬硬套某种方式进行无区别的应用,而应根据教学内容的变化而变化,合理选用与灵活运用,根据教学的进程与学生的实际及时地调整,力求达到最佳的教学效果。

第四节　儿童体育教学设计与计划

体育教学是一个特殊的教学过程。与其他学科相比,体育课程承担着促进学生身心全面发展的任务,其教学过程不仅是身体活动过程也是思维发展过程。其重要特征是学生在教学过程中要承担一定的生理和心理负荷。加之体育教学活动空间开放,影响因素众多,体育教学的组织和控制的难度是其他学科难以比拟的。因此,对体育教学过程中的各个要素进行分析研究,围绕体育课程目标对体育教学过程进行充分的准备和策划是非常必要的。

一、体育活动应遵循的规律

机能活动能力开始较低,随着身体运动逐渐上升,达到最高水平并保持一定时间,最后由于疲劳而逐渐下降,形成一个上升—平稳—下降的规律。这就是人体生理机能活动变化规律。

运动过程中,人体生理机能活动变化的状况通常可以分为:上升阶段、平稳阶段和下降阶段。在体育活动中这3个阶段相对应的3个活动部分相互联系。虽然有各自的主要任务内容,但又是一个紧密结合的统一整体,上一个部分是下一个部分的准备,下一个部分又是上一个部分的自然延续和发展。中心目标是共同完成活动任务。

(一)上升阶段

活动的开始迅速集中儿童的注意力,从身心两方面做好准备。生理上,做好准备活动,逐步提高儿童机体的活动能力,使各器官、系统的机能逐步进入工作状态,为运动做准备。心理上,调动参与的积极性及愿望,使其精神振奋、情绪饱满、跃跃欲试。如使儿童明确活动的角色及任务,有组织地进入活动;进行队列队形、准备操练习,培养身体的正确姿势,促进身体的全面运动;为开展活动做好各项准备,包括一般性准备活动和专项准备活动,可采用游戏化、情境化的方式进行。

(二)平稳阶段

这个阶段主要通过身体动作的学习、练习提高身体素质,发展动作能力,培养良好的习惯。准备活动后,是儿童学习和掌握体育基本知识、基本动作技能及锻炼身体的方法,提高身体素质、增强体质、养成良好品质的重要阶段。教师选择的内容要根据课程目标并结合实际进行。组织活动时要注意以下几方面。

(1)合理安排主要内容和其他练习的顺序。

(2)巧妙设计辅助练习、诱导练习形式和方法。

(3)科学安排并灵活调整各项活动内容的练习次数和时间,合理安排活动的密度和运动负荷。

(三)下降阶段

这个阶段机体出现疲劳,大脑皮层兴奋下降,体能下降,需要通过放松活动使身体和情绪由高度的紧张、兴奋状态逐渐过渡到相对平静的状态,尤其是心率的恢复。本阶段可对本次活动进行简要的总结,组织轻松自然地走步、徒手放松练习、简单的舞蹈以及平静的活动性游戏等。这一缓冲阶段很重要,有利于消除儿童身体的疲劳,使儿童身体得到放松,促使其能量和心率恢复,并使儿童的情绪逐渐平稳下来。

二、体育教学设计的意义

对于体育教学工作来讲,体育教学设计有利于体育教学工作的科学化。它有利于优化体育教学过程,提高体育教学质量和效果。体育教学优化包括体育教学方案(教案)设计优化和体育教学实施过程的优化等环节。通过体育教学方案设计优化和体育教学实施过程优化使学生的体力(身体素质)、体育知识、运动技术、能力、情感、人格和个性得到全面和最大限度的发展。对于体育教师来讲,体育教学设计为体育教师提供了方法,可以促进体育教师从经验型、随意型向科学型转变,有助于体育教师发现体育教学中存在的问题,积极思考和探索解决问题的方法和思路,使体育教师设计的教学方案更具有时效性、针对性。体育教学设计有利于理论与教学实践的结合,有利于科学思维习惯和能力的培养,有利于加速青年教师的培养。体育教学设计有利于电化教育的开展和多媒体教材质量的提高。

(一)有利于体育教学工作的科学化

在传统体育教学中对于体育教学方案的撰写,一方面大多以课堂、书本和教师为中心,教学理念陈旧;另一方面,由于少数教师没有掌握一定的设计方法,撰写教案不得要领,规范性不强,表现为撰写教案的随意性。对于大多数体育教师来说,如果掌握了体育教学设计的相关方法,就可以增强体育教学工作的规范性,从而进一步提高体育教学过程的科学性。

(二)有利于体育教学理论与体育教学实践的结合

长期以来,体育教学研究偏重理论上的叙述和完善,脱离体育教学实际,使体育教学理论成为纸上谈兵,对改进体育教学工作帮助不大。而广大一线的体育教学工作者,则感到体育教学理论离他们的实际工作太远,有的甚至在体育教学实践中茫然摸索。在这种情况下,体育教学设计起到了沟通体育教学理论与体育教学实践的作用。一方面,通过体育教学设计,可以把已有的体育教学理论和研究成果运用于实际指导中;另一方面,也可以把一线的广大体育教师的教学经验升华为教学科学。充实和完善体育教学理论,促使体育教学理论与体育教学实践紧密地结合。

（三）有利于科学思维习惯和能力的培养

体育教学设计是系统化地解决体育教学问题的过程,它提出的一整套确定、分析、解决教学问题的理论和方法对于培养人们科学的行为习惯,提高人们科学地分析与解决教学问题的能力具有重要意义。

（四）有利于加速对青年教师的培养

体育教学既是一门科学,也是一门艺术。虽然体育教学艺术很难通过教学来传授,但是科学的教学理论和方法则是可以习得的。体育教学设计为师资队伍的培养提供了一条有效的途径,体育教师通过体育教学设计的训练过程可以迅速掌握体育教学的基本原理、方法和实际操作技能,并在实际运用中不断熟练和提高,最终成为一名体育教学专家。

（五）有利于体育多媒体教材的开发和质量的提高

近年来,随着教学投入的增加,信息和现代教育技术的发展,以及各类电教器材的增加,体育教学技术与手段也在不断地发展。体育多媒体教材具有融体育教学内容和体育教学方法于一体的特点。通过学习和掌握体育教学设计的理论与方法,可以帮助体育教师有效地使用现代教学媒体,编制相应的多媒体教材,从而提高体育教学质量。

三、体育教学设计的特点

体育教学是一种有目的的活动,为了达到预期目标和获得理想的效果,必须在教学活动实施之前对体育教学方案进行设计。体育教学设计具有下列特点。

（一）超前性

体育教学设计是在进行体育教学之前对体育教学所做出的一种安排和策划。也就是说,体育教学设计在前,体育教学活动的实施过程在后。

（二）创造性

体育教学设计的过程应该是一个创造性解决教学问题的过程。体育教学多元化目标、体育教材的多功能特点、体育教学方法手段的多样化以及这些要素之间存在的复杂关系，使得体育教学过程具有复杂性和不确定性的特点。体育教学设计的创造性，要求设计者必须具备较扎实的体育教学理论知识，懂得教学过程和教学规律，了解素质教育的实质和内涵，具有开拓和钻研精神。并且具有丰富的想象力、敏锐的观察力、深刻的分析力和超前的意识，只有这样才能设计出新颖、实效、独具特色的教学方案。

（三）系统性

体育教学设计过程是一个科学逻辑的过程，体现了体育教学设计工作的系统性。在进行体育教学设计时，需要在分析论证所存在的教学问题的基础上设定目标，然后围绕既定目标设计教学的各个环节，从而保证其"目标、策略、评价"三者的一致性。体育教学设计从体育教学系统的整体功能出发，在工作程序上，往往是综合考虑教师、学生、教材、媒体、评价等各个方面在体育教学中的地位与作用，使之相辅相成，互相促进，产生整体效应，从而实现体育教学效果的最优化。

（四）灵活性

虽然体育教学设计过程具有一定的模式，需要按照既定的流程进行，但体育教学设计的实际工作往往不一定完全按照流程图所呈现的线性程序开展。有时，没有必要或不可能完成所有的工作步骤。例如，学习需要分析是体育教学设计过程模式中一个重要的教学设计环节。在中小学体育课的教学设计中，如果是同一个教学班，可以根据情况适当简化或加强对学习需要分析的论证工作。因此，在进行体育教学设计时，应根据不同的情况和要求，灵活地决定从何处着手工作，重点解决哪些环节的问题，适当略去一些不必要的环节，有效地进行体育教学设计。

（五）科学性

体育教学设计是一门科学。科学的真谛在于求真，体育教学设计是在人体解剖学、人体生理学、体育保健学、运动生物化学、体育心理学、体育教学论等体育理论以及教育传播理论、教学媒体理论和教学评价理论的指导下,根据学和教的基本规律,建立起合理的体育教学目标、内容、方法的策略体系,科学地运用系统方法对各个体育教学要素及其联系进行分析和策划。

(六)艺术性

体育教学设计是一门艺术。艺术具有丰富的审美价值,一份好的体育教学设计方案,要做到既新颖独特、别具匠心,又层次清晰、富有成效,给人以美的享受。

四、体育教学设计的步骤

体育教学设计是指在教学活动之前,根据教材特点和教学目标,运用系统的方法,对教学活动的各个要素进行分析、优化组合的策划过程,以达到有效教学的目的。教学设计因其理论基础有别,在世界上形成了不同流派。一般来说,一个完整的教学设计过程应该包含有:学习需要分析、教材分析、学生分析、确定教学目标、体育教学策略的设计、教学评价设计等步骤。

(一)学习需要分析

通过一定的调查研究,发现教学中存在的问题,并分析该问题的性质,论证解决该问题的必要性和可行性的过程,就是学习需要分析。其核心是了解问题。因为只有先了解问题及其性质,才能寻求到适当的解决问题的方法。通过学习需要分析可以发现学生体育学习中存在的问题;可以分析产生问题的原因,以确定在体育教学设计时解决这个问题的方法;可以分析资源条件和制约因素,论证解决此问题的可能性;可以分析问题的重要性,以确定优先解决的体育教学设计问题。

(二)教材分析

《体育与健康课程标准》从课程论的视角提出了"目标统领内容"的课程设计导向。根据课程目标选择体育课程内容,并将内容进行编排和组织使之成为教材,再将组织好的教材内容根据需要划分成时间不等的单元和学时。在进行不同层面的教学设计时,必须透彻地分析将传授给学生体育教材的方方面面,如教学生什么知识和技能,达到怎样的目的,从而对学生的身体、心理和社会适应的影响是什么,等等。[①] 教材内容分析是与学生的分析密不可分的,其内容要符合不同年龄段学生身心发展特点,教师依据学生的身心特点将教材内容"弄清吃透",才能掌握更适合学生的教学策略。

(三)学生分析

通过对学生分析,了解学生的准备情况和学习风格,为体育教学内容的选择和组织,体育教学目标的编制,体育教学活动的设计,体育教学方法和媒体的选用提供可靠的依据。分析体育教学对象的目的是了解学生的学习准备状况及其特点,为后续体育教学设计步骤提供一个重要依据。

(四)确定教学目标

目标的设计,是评价教学结果的依据。教学是否有效果取决于学习者,即学习者取得的成绩,也就是教学目标所表述的内容。同样,分析教学目标也有利于选择最佳的教学策略,帮助学习者达到要求。

1. 体育教学的目标体系

在新课程背景下,体育教师主要从以下四个层面的体育教学目标进行设计,即水平(学段)目标—学年目标—单元目标—课时目标。

2. 教学具体目标表述方法

清晰、准确、具体地表述体育教学目标,是体育教学目标设计中的一个关键问题,特别是单元和课时目标的表述。体育教学目标的表述方式是可以选择的,教师可以根据教学的实际需要,选择相应的体育教学目标、内容以及不同的陈述方式。

3. 情感目标的描述

情感领域包含了抽象的行为(态度感受等),它们都是相对来说比较

---

① 董翠香.小学体育与健康教学设计[M].北京:高等教育出版社,2020.

难以观察和测量的。在这个领域,制定目标的一种方法,就是从推测教师能观察到的行为中间接地具体说明的。例如,学习者说他喜欢这个活动,学习者选择了这项活动而放弃了其他活动,学习者充满热情地参加了这项活动,学习者通过与其他人讨论或鼓励其他人参与来彼此分享活动的乐趣。

(五)体育教学策略的设计

策略是人的心理活动,是人对特定环境的一种整体概括性思考,是建构在对特定情境中的问题进行分析的基础上,既具有目标性、计划性,同时又具有一种类似艺术的,在其具体情境中显示直觉性特征的一系列解决问题的行为方式。在体育教学中,教学策略的设计是指教学活动的顺序安排和师生间的交流等。体育教师为有效地完成体育教学目标而采用的体育教学活动准备,体育教学行为和体育教学组织形式选择,体育教学媒体选择等因素的是总体考虑。体育教学策略设计是体育教学设计工作的重要环节,它有效地解决"如何教""如何学"的问题。

(六)教学评价设计

在考察了学生的特点后,就可以确定教学具体目标,选择为实现这些目标而采用的教学策略,最后必须找到适合的考量内容和方法,用以把握学生教学目标所要求的体育知识、体育技能和学习态度的程度。因此,在设计评价内容和方法时,一定要十分清楚单元或课时的目标,并且其陈述一定要规范。

五、体育课程教学计划

(一)教材的分析

体育基础知识是依据课程标准中各学习领域目标的规定及活动和内容的要求,针对学生的接受能力和认知水平而选编的,用以指导学生学会学习和活动实践,它是体育课程教学内容的重要组成部分。在小学各年级的教学内容中,把队形练习、基本体操、走、跑、跳跃、投掷、滚动和滚翻、攀登爬越、韵律活动和简易舞蹈等诸项内容统一归类,称为"基本活动"。这些内容都是一些最简单的身体基本活动和生活中所需要的实用性技能,没有典型的运动项目。

通过教学,使学生初步掌握各种基本动作的简单方法和技能,培养学生身体的正确姿势,发展身体活动能力,促进身体新陈代谢和正常生长发育,增进身体健康。学生在身体活动当中,伴随着丰富的心理活动和各种体育群体社会性的交往活动,感受到友好合作、团结友爱的情趣,体验自信、健全的个性心理。通过教学,能够培养学生团结友爱、相互合作、遵守纪律、勇敢顽强、热爱生活、积极进取的优良作风和品质,促进学生身心全面、和谐地发展。

小学生模仿能力强,但对体育基本活动的动作概念和方法了解很少。因此,基本活动的教学主要是让学生活动起来,学会一些简单的动作和方法,培养正确的身体姿态,为以后进一步学习各种体育活动的技术和技能打下一定基础。但是,在教学过程中,应该避免把本来较为简单的动作教得复杂化,也不宜以竞技性运动项目的训练手段运用于基本活动的教学。

(二)教学的总目标

(1)进一步了解体育课和锻炼身体的好处,知道一些保护身体健康的简单常识和方法。

(2)进一步学会一些基本活动、游戏、韵律活动和舞蹈的方法,提高身体素质和基本活动能力。

(3)体验参加体育活动的乐趣,遵守纪律,与同学团结合作。

(4)乐于学习和展示简单的运动动作。

(5)说出所做简单运动动作的术语,会做简单的组合动作,知道如何在体育活动中避免危险。

(6)基本保持正确的身体姿势,发展灵敏、协调和平衡能力,学会描述身体特征。

(7)体验体育活动中的心理感受,在体育活动中具有展示自我的愿望和行为,观察并说出同伴在体育活动中的情绪表现,在一定的困难条件下进行体育活动。

(8)在体育活动中表现出合作行为。

(三)教学的重点和难点

(1)养成正确的坐、立、行姿势。

(2)队列和队形练习。

（3）小学生广播体操。
（4）各种跑、跳、投练习。

（四）教学的发展方向

培养小学生对体育的兴趣，培养体育人才，全面发展人才。培养学生的运动能力，从而促进学生的身心健康发展，发展学生的体能，培养学生各项技能，发展学生速度、耐力、灵敏、协调性等方面的基本能力。

（五）教学主要措施

（1）认真备课，做到深入了解教材及与教材有关的书籍及材料。写好教案，做好示范和讲解，使学生能从客观和主观上学习。
（2）教学方法具有多样性、灵活性，主要以学生练习为主，教师起到指导、纠正学生错误的作用，真正以学生为中心。
（3）及时进行考评，以学生自评、小组互评、教师总评相结合的方法来评价学生的学习情况。
（4）开展兴趣小组。

六、制订教学计划的建议

教师要认真研究教学过程中学生的学习目标、教学内容、教学方法、学习评价等方面的问题，保证教学的有效实施，不断提高教学质量。

（一）制订水平计划

水平教学计划是根据各水平的具体要求制定的，是学生达成各项目标的统筹计划。水平教学计划应结合本校的实际情况，把各水平的具体目标所呈现的内容标准加以具体化，并分配到每个学期中，以便从总体上把握学习内容和要求，全面达成和落实课程目标。

（1）制订水平教学计划应在认真研究课程目标体系的基础上，根据水平目标，以及相应的内容标准，确定各学年的教学目标。
（2）认真研究内容标准，根据水平目标，以学生的发展和目标的达成为中心，并结合学校的体育特色项目、传统项目来选择和设计教学内容。
（3）以学习目标的达成和学生身心发展特征为主线，处理好教材的纵横关系（纵，即教材项目本身的前后；横，即教材与教材之间），合理规划教学内容。

（4）根据各水平教学总时间合理预计各项教学内容的时数比例。对于各项教学内容的时数预计，应根据具体教学内容的性质、作用以及难易程度来分配，更重要的是根据实际教学的情况而定。如根据教学内容之间的联系确定教学内容的时数，根据季节和地域特点安排教学内容等。

（5）制订学年教学工作计划的主要步骤与方法。

①确定本学年体育教学目标。

②确定本学年教学总时数以及教材和内容。

③确定本学年以及每个学期的考核项目与标准。

④确定各类教材的教学时数和各项教材的教学时数。

⑤把全年的教材内容和教学时数合理地分配到两个学期中去。

(二)制订学期计划

学期教学工作计划也称教学进度，它是依据学年教学工作计划安排的教学内容和规定的教学周数、每周教学时数，以及各项教材的时数比例，结合季节、气候特点和学校实际情况制订的；它是制订单元和课时教学计划的依据。

（1）注意教材的系统性和连贯性，以及教材的难易程度；注意由易到难或易难教材交替配合。先安排主要教材，再搭配一般教材，以保证重点。

（2）要正确确定各项教材的排列方式。排列方式有三种，具体采用哪种方式，视情况而定。

①集中排列，适用于季节性强或技术连贯性较强的项目的教材。

②分散排列，适用于对身体条件要求过高，但技术不是十分复杂或需要进行经常练习、体力又消耗比较大的教材。

③集中和分散相结合的排列，分先集中后分散和先分散后集中两种。技术性较强的教材，如跨栏跑、接力跑等教材，可采用先集中后分散；动作技术复杂而对身体条件要求也高的教材，如跳高和体操中的成套动作，可采用先分散后集中的排列为主，以两者结合为辅。

（3）注意新旧教材之间的搭配和全面锻炼身体，从而使教材内容多样化，以适应学生的心理和生理特点。

（4）根据场地器材分配情况制订进度，协调各年级、各班的体育课，以免几个班同时上课发生冲突。

（5）制订学期教学工作计划的步骤与方法。

①确定学期体育教学目标。

②将全年教学工作计划中，相应学期的教材内容和教学时数，抄录到进度表的相应栏目内。

③根据全年教学工作计划中所规定的本学期各项教材的时数，计算出各项教材在本学期的次数。

④根据制订学期教学工作计划要求，将本学期的考核项目和重点教材，按教材出现的课次，系统地安排到每次课中。

⑤依据制订学期教学工作计划要求，将本学期的其他教材，按教材出现的课次，系统地搭配并安排到每次课中。

（三）制订单元计划

单元教学是一个完整的教学过程。从教学计划的结构体系看，水平计划是单元计划的上位概念，多个单元教学计划构成了水平教学计划；从目标体系来看，单元目标是将水平目标分解为一系列比较具体的学习子目标。在教学过程中只有逐个达到单元目标，才能最终达到水平目标。在水平计划、单元计划与课时计划之间，单元计划是中间环节，在课程改革中应成为我们研究的核心内容。

（1）依据该单元教材学习目标和学习内容，准确把握该项教材的体系和该单元教材所处的位置以及前后衔接与联系；理清该单元教材的技术结构、教学重点和难点以及要解决的主要问题。

（2）全面分析学生的认知水平、身体素质、相关运动技能基础和兴趣爱好等情况，做到心中有数，确保计划的安排有的放矢。

（3）教学手段的选择针对性要强，实效性要好，趣味性要浓。要充分挖掘和利用学校的场地器材设备为教学服务。

（4）单元教学工作计划中所确定的课次，必须与学期教学工作计划所规定的课次相符，以确保计划顺利实施。

（5）制订单元教学工作计划的主要步骤与方法。

①根据学年教学目标和学期教学进度确定各学习内容的总目标和要求。

②再根据学习内容的时数和难易程度制定每次课的具体目标和

要求。

③针对学习内容的需要安排单元教学组织形式。

④确定每节课的教学策略。

(四)制订课时计划

课时教学工作计划也称教案,它是依据学段水平目标的规定、学期教学工作计划和单元教学计划中课时教学内容的安排,制订的课时教学实施方案;是教师组织课堂教学的基本依据。高质量的课时计划,是顺利实施课堂教学和有效实现课堂教学目标的前提和基本保证。

(1)依据单元教材内在联系和该课时教材所处的位置以及前后衔接与联系,理清该课时教材的技术结构、教学重点和难点以及要解决的主要问题。

(2)全面分析学生的认知水平、身体素质、该课时运动技能的基础等情况,为合理选择教学手段提供保证。

(3)教学手段的选择针对性要强,讲究实效性和趣味性。

(4)制订课时教学工作计划的主要步骤与方法。

①依据该学段水平目标的要求,按照学期教学工作计划中该项教材的课时规定,提出该课时的教学目标要求和教学重难点。

②依据该课时的教学目标要求和教学重难点,结合学生情况和学校场地器材设备等条件,合理安排教法、学法和组织措施。

③按照课程的结构,分配各部分的时间和各项活动所需的时间。

第五节 儿童体育教学评价

一、分析与评价工作的意义

儿童体育课是体育活动的基本组织形式。它的质量好坏,会直接影响着体育教学目标的实现程度。分析与评价体育课,是改革与提高体育活动质量的重要措施。除了确保定期检查和教师自己总结以外,还需要请别人检查和评价,以至举行公开的观摩课和研讨课,请大家共同研究,不断地提高体育课的质量。体育课的分析与评价,既密切联系,又不能混为一谈。分析是通过对一节或多节体育课进行观察、测量、调查所提到的各种信息进行评论、统计和分析,而得出某些结论。评价则是通过分析所得的结果赋予一定的价值观。

二、分析和评定运动量的方法

常用的评定方法有观察法、脉搏测定法、自我感觉和问卷法。鉴于小学生年纪尚小,后两种方法仅作参考。

(一)观察法

这是教师在课堂经常采用的方法。主要从儿童完成动作的质量、面色、呼吸、汗量、表情、练习的积极性等方面进行观察。这种方法属经验评价性质,要求教师多注意、多观察、多询问,并配合心率的检测,积累经验,从儿童表现的症状以判断运动量是否合适。

(二)脉搏测定法

这是生理测定法的一种,是检查和评定运动量较为客观的方法。生理测定法是通过对人体脉搏、血压、呼吸频率、肺活量、体温变化、尿蛋白等方面的检查。学前教育单位受条件的限制,不能做全面的测查。目前,学前教育单位使用的多是脉搏测定法。脉搏测定法是在体育课的全过程中,按一定的要求多次测定儿童的脉搏,并将测得的数据,绘制出运动量曲线图。

脉搏的分析与评定,主要从以下四个方面进行。

(1)脉搏变化曲线的上升、稳定、下降的一般趋势是否合理?是否有过高过低、前高后低、大起大落等异常情况?

(2)脉搏曲线最高点的高度出现的时间和延续的时间是否合适?课后恢复的情况如何?

(3)根据练习前后脉搏变化的幅度和重复练习脉搏变化的情况,分析练习的强度和每次练习间隔的时间是否适当?讲解示范及各项组织措施中存在什么问题?

(4)通过运动量的一般水平,即体育课每分钟平均脉搏,分析运动量是否适当。一般认为,体育课的平均心率在130次/分~150次/分左右比较适当。

三、体育课分析与评价的方式和内容

分析体育课通常有两种方式。一种是综合分析课,另一种是专题分析课。不论是综合分析课,还是专题分析课,建议注意下面几个问题。

（一）要观察分析课的完成水平

分析体育课,最重要的是观察课的目标是否完成。当然一次课的目标不等于总目标的实现。

在分析课的目标时,不能单纯从教师的主观愿望出发,更重要的是要观察儿童提高基本活动能力的水平,提高身体素质的水平以及品德教育目标落实的情况等,分析是否真正达到目标的水平了。

如果儿童能达到课中提出的目标,恰恰反映了教师确定的目标具有科学性和客观性,也反映了教师对儿童掌握的准确性,以及教师主导作用发挥的水平。因此,这是分析评价一节体育课的主要标准。

（二）要观察分析课中儿童主体作用发挥的情况

教师的组织、讲解示范、运动量的大小的安排以及场地、器材玩具的运用等方面,都会直接影响儿童身体运动的积极性和主动性。因此,除了分析教师对课内活动的组织工作之外,更重要的是要观察儿童主体作用表现的情况。主要通过以下两个方面进行观察分析。

第一,儿童在运动练习时,是否表现得积极、主动,做各种动作时是争先恐后,全力以赴地去完成,还是消极被动地完成。

第二,儿童在活动中,是动脑想办法完成基本动作练习的任务,创造性地进行练习,还是不动脑筋只照教师指导的模式进行活动。

（三）要检查分析儿童锻炼的实际效果

上述两种方法均是通过观察进行定性分析,常常出现不够科学的弊病。我们应该通过测量进行定量分析评价是比较客观的。通常采取测量分析课,一般是对运动量和密度的分析。最后通过测量来分析课的质量。

除了上述的分析、观察、测量及评价以外,还要分析客观环境的条件、体育设备等因素。只有对体育课进行全面的分析和评价工作,才能达到提高课程质量的目的,实现增强儿童体质的目标。

第五章　儿童课外体育锻炼

儿童课外体育锻炼是指儿童在课余时间里运用各种体育手段和方法,以增强体质、促进身心健康、丰富业余文化生活等为目的的身体活动。它区别于课外体育活动,后者是指体育与健康课程之外的一切体育活动,主要包括课外体育锻炼、课外运动训练、课外体育竞赛等。课外体育锻炼是学校体育工作的重要内容,是体育课堂的延伸,它对促进儿童体质健康发展、培养其终身体育意识和习惯有着重要的意义。

第一节　儿童课外体育锻炼概述

一、儿童课外体育锻炼的特点

（一）内容的多样性

儿童参与课外体育锻炼的内容多种多样,有的是体育课堂上学过的,有的是自学的,还有的是自己参加培训班学习的。这些内容既包括一些常见的体育运动项目,如田径、篮球、排球、足球、乒乓球、羽毛球、网球、游泳等;也包括一些新兴的体育运动项目,如瑜伽、轮滑、滑旱冰、跆拳道、户外运动、攀岩、拓展运动、徒步运动等;还包括一些地方特色体育项目,如太极拳、太极扇、武术套路、抖空竹、摔跤等。

（二）组织形式的灵活性

课外体育锻炼面向全体儿童,儿童不同的个性特征,如年龄、性别、身体素质、运动能力、兴趣爱好、价值取向等,使得儿童对体育锻炼的需求也有所不同。因此,为了满足儿童的多样化需求,一定要采用灵活多样的课外体育锻炼形式。除规定性的一些体育锻炼外,儿童参与课外体育锻炼的时间、地点、同伴等方面都有很强的不确定性。锻炼时间可长可短,参加锻炼的人数可多可少,锻炼的地点也可任意选择,这恰恰凸显了课外体育锻炼形式的灵活性。

(三)自主性与指导性相结合

课外体育锻炼是儿童自主、自愿参加的,充分体现了儿童的主体性,它可以根据个人的兴趣爱好选择锻炼内容,组织锻炼小组,开展锻炼活动。这种自主性不是自发的,不是单纯的兴趣观点,而是通过宣传教育加强对儿童的指导,提高儿童的认识,培养和发展其对体育的兴趣爱好,激发锻炼的自觉性和积极性,提高儿童自我锻炼的能力,从而促使锻炼习惯的养成。

二、儿童课外体育锻炼的原则

原则反映了课外体育锻炼过程中的客观规律,是取得理想的锻炼效果,必须遵循的基本准则。课外体育锻炼的原则有自觉性原则、经常性原则、针对性原则。

(一)自觉性原则

自觉性原则是指进行课外体育锻炼,要出自儿童内在的需要和自愿的行动。从一定意义上讲,课外体育锻炼也是一个克服自我惰性、战胜困难的自我锻炼过程。因此,自觉性原则在课外体育锻炼中,具有非常重要的意义。

长期主动地坚持课外体育锻炼的关键在于自觉,在于对体育锻炼的正确认识,依靠的是儿童发自内心的需要。因此,激发儿童对体育锻炼的内在需要,是确保课外体育锻炼正常进行,并达到良好效果的重要条件。

(二)经常性原则

经常性原则是指课外体育锻炼必须持之以恒,使之成为日常生活中不可缺少的重要内容。

生命在于运动,运动贵在坚持。从生理学角度讲,体育锻炼是促进人体新陈代谢的一种刺激,能促使生命物质与周围环境进行物质交换和能量交换。新陈代谢是生命物质的永恒过程。因此,体育锻炼应该是"今日之运动承乎昨日之运动,又引起明日之运动",坚持经常不断,才能收到良好的锻炼效果。贯彻这一原则时应注意。

(1)有计划进行锻炼,合理安排早操、课间操、班级体育锻炼,并与体育课、劳动、学军等活动合理配合,做到天天有锻炼,保证每天1小时。

(2)要持之以恒,切忌"三天打鱼两天晒网",克服单纯兴趣点,排除干扰,克服困难,以顽强的意志与毅力坚持锻炼。

(3)提高自我锻炼的能力,养成锻炼的习惯,活到老、学到老、锻炼到老,使体育锻炼成为自己终身的"伴侣"。

(三)针对性原则

针对性原则是指课外体育锻炼必须从实际出发,因人、因时、因地制宜,使体育锻炼的内容、形式、方法、手段等符合实际的需要,才能取得良好的效果。贯彻这一原则时应注意。

(1)对锻炼内容的选择,组织形式的确定要做到从个人实际出发,因人而异,不强求一律,不搞"一刀切"。

(2)在自我分析的基础上(体质、技术、思想、心理等),制订个人锻炼计划,或运用"运动处方"的办法安排锻炼计划。

(3)树立全局观点和发展的观点。不能因个人而影响他人,影响全局,不能机械呆板,要适应情况的发展变化,使锻炼计划留有余地,切实可行。

上述课外体育活动的原则是相互联系的。它是实践经验的总结,并在实践中不断发展与完善。

第二节　儿童课外体育锻炼的组织形式

一、校内课外体育锻炼的组织形式

（一）早操

早操是儿童作息制度中规定的体育活动,是在清晨进行的体育锻炼。目的是使儿童保持清醒的头脑,以充沛的精力和饱满的热情投入每天的学习和生活,从而提高学习效率和生活质量。

早操的时间一般是 15～20 分钟,运动负荷也不宜大,以免造成过度兴奋或过度疲劳,影响文化课学习。早操内容可以选择跑步、广播操、健身健美操、武术和提高身体素质的练习等,也可以根据地方和学校的特点,选择一些适合自己学校的特色项目。早操的组织可以根据学校场地的大小选择全校、全年级、全班集体进行,也可以进行小组或个人锻炼。

（二）课间操和大课间体育活动

课间操指安排在上午第二、三节课之间的体育锻炼活动,有利于身体正常的生长发育。课间操的内容多种多样,学校可以根据实际情况开展不同的课间操活动项目,一般有广播操、健身操、武术操、素质操、游戏、球类等,时间一般在 20～25 分钟之间。如广播体操、眼保健操、集体舞等可以全校统一进行,各类竞赛活动可以分组进行,另外,儿童还可以根据自己的喜好参加一些体育活动。

（三）班级体育锻炼

班级体育锻炼是以班为单位,或将儿童分成若干锻炼小组,在班主任和体育教师的指导下,由班干部和锻炼小组长带领儿童进行的一种经常性的课外体育活动。它被列入正式课表中,一般每周安排两次,每次 1 个小时左右。

班级体育锻炼是开展学校传统体育项目的重要组织形式。由于传统项目具有广泛的群众基础,能体现学校的特色,深受广大儿童的欢迎和喜爱,并能激发锻炼的积极性,增强集体凝聚力,有利于推动传统项目的发展和提高单项运动的技术水平。

（四）全校性体育锻炼

全校性的课外体育锻炼有两种形式,一种是以竞赛形式开展的体育比赛,如学校田径运动会、学校趣味体育运动会、校内各种运动项目的体育比赛；另一种是以主题性教育形式开展的体育活动,如体育节或体育周等。

二、校外体育锻炼的组织形式与实施

校外体育锻炼是指儿童在学校以外参加的体育锻炼活动。它与校内的课外体育锻炼相互联系、相互补充、密切配合,共同构成了儿童课外体育锻炼的内容。其主要形式有校外个人体育锻炼、家庭体育、其他体育活动等。

（一）校外个人体育锻炼

校外个人体育锻炼是指儿童在课余时间和节假日里在学校以外自觉进行的体育锻炼活动,具有活动内容丰富、灵活性强的特点。儿童可以根据自己的身心发展需求、兴趣爱好等自主选择体育项目、活动时间、活动地点等。

（二）家庭体育

家庭体育是儿童在家长的组织、指导或参与下进行的校外体育活动。家庭体育的开展有利于培养儿童的体育习惯,促进儿童的身心发展；有利于加深亲子之间的感情,创造和谐的家庭气氛,丰富家庭生活等。家庭体育的内容丰富、形式多样,可根据实际情况自主选择,活动的时间可以在每天早晨、傍晚、双休日、节假日中的任意时间开展。活动的内容可以是锻炼身体素质类的内容,如家庭晨跑、游泳、球类活动（篮球、乒乓球、羽毛球、网球等）、跳绳、骑自行车等；也可以是旅游休闲类的内容,如家庭旅游、野营、下棋等。除此之外,还有一些在家附近的体育健身器材上开展的一些家庭体育活动。

(三)社区体育

社区体育是指儿童居住所在地区(或邻近地区)的文化娱乐场所、青少年文化宫、体育场(馆)所组织开展的体育活动。

《学校体育工作条例》中指出："在学校比较密集的城镇地区,逐步建立中、小学活动中心,并纳入城市建设规划。社会的体育场(馆)和体育设施应当安排一定时间免费向学生开放。"这就为儿童的校外体育活动提供了场所,创造了条件。当今世界不少发达国家对青少年儿童的社区体育、体育俱乐部给予相当重视,并取得很好的成绩,这是我国今后开展学校课外体育活动的一个很好的借鉴。

(四)其他体育活动

除了以上所述的校外个人体育锻炼和家庭体育,儿童在校外参加的其他体育活动还有体育夏(冬)令营活动、青少年户外体育营地活动等。这些活动都是以增强儿童体质、培养儿童体育兴趣与习惯、提高儿童体育实践能力为目标的,是学校课外体育锻炼的重要内容,也是实现学校体育目标的途径之一。

第三节 儿童课外体育锻炼的计划与评价

为了加强领导,做好宣传、教育、组织等工作,使课外体育有条不紊、有计划、有步骤地正常开展,必须加强计划,并通过评价,总结经验教训,不断地改进工作,以取得预期的效果。

一、儿童课外体育锻炼计划的制定

校内课外体育锻炼是实现学校体育目标的重要途径。为了保证儿童课外体育锻炼的效果,学校必须根据实际情况,合理配置学校有限的体育资源,制订校内课外体育锻炼计划,使儿童的课外体育锻炼能够有序地进行,达到预期的目标。课外体育锻炼计划是全校教育和体育工作计划的重要组成部分,主要包括全校课外体育锻炼计划、年级体育锻炼计划、班级体育锻炼计划、俱乐部体育锻炼计划、个人体育锻炼计划等。

(一)全校课外体育锻炼计划

全校课外体育锻炼计划通常是由体育教研室或体育教研组根据上级有关精神,结合本校实际情况,在总结过去学年或学期经验以及广泛听取各方面意见的基础上制订出来的,经学校主管领导批准后执行的体育锻炼计划。

全校课外体育锻炼计划一般以学年或学期为单位,其主要内容包括:指导思想与目标;早操、课间操、大课间体育活动的内容及组织措施;年级体育锻炼、班级体育锻炼和俱乐部体育锻炼的宏观安排;儿童体质健康测试的安排;儿童体育干部的培训安排;小型体育竞赛的安排;宣传教育、检查评比的组织实施办法等。

计划在开学时就公布,为班级计划、个人计划提供依据。做好宣传,使计划人人皆知,获得群众监督。无特殊情况应严格执行计划。

(二)年级体育锻炼计划

年级课外体育锻炼计划是在全校课外体育锻炼计划的指导下,以年级为单位,根据各年级特点,结合学校体育场地设施的实际情况制订的体育锻炼计划。计划的制订一般由体育教研室或体育教研组负责,年级体育教师和年级主任或组长协同完成。年级体育锻炼计划的主要内容包括:指导思想、组织机构、活动时间、内容与场地安排、责任分工、活动组织安排与要求等。

(三)班级体育锻炼计划

班级课外体育锻炼计划是为了落实全校和年级课外体育锻炼计划而制订的具体实施方案。它有利于儿童课外体育锻炼的顺利进行,同时也是落实儿童每天锻炼1小时的重要保障。

班级体育锻炼计划通常是在班主任和体育课任课教师的指导下,在广泛征求儿童的意见和建议后,由班级体育委员起草制订的锻炼计划。班级体育锻炼计划的主要内容有:班级体育活动的目标和要求、活动时间、内容及场地安排、活动小组划分、活动要求和实施措施、检查评比方法等。

班级体育锻炼计划的具体落实有两种方法：一种是根据学校统一安排的时间场地、项目轮流表，结合本班情况具体安排落实。另一种是时间、场地按学校统一安排，项目内容由本班自行安排。

(四)体育俱乐部锻炼计划

学校体育俱乐部是近些年来才出现的课外体育锻炼的组织形式，是趋向于自成一体的组织，有利于激发青少年的体育兴趣，有利于养成终身体育锻炼的习惯，增强青少年体质，并向其传授体育运动技能，发现和培养体育人才。因此，学校应重视体育俱乐部锻炼计划的制订，并将其纳入到学校体育工作计划中，充分发挥体育俱乐部的功能。俱乐部的锻炼计划一般由俱乐部专任负责人制订，根据学校体育工作计划和课外体育活动计划确立俱乐部的目标、任务、开设项目、活动时间、人员安排、经费预算与筹措、参加要求、场地器材设施的合理配置等。体育俱乐部的参与人员涉及面大，任务多，计划制订相对比较复杂，需要考虑多种因素，应做到统筹兼顾。

(五)个人体育锻炼计划

个人体育锻炼计划是儿童根据班级体育锻炼计划和俱乐部锻炼计划，结合个人的实际情况，对自己参加课外体育锻炼的时间、强度、频次等所做的具体安排。

个人体育锻炼计划可以完全由儿童自主制订，也可以由指导老师、家长和儿童共同制订。可以针对如何发展个人的爱好和特长，也可以针对如何改变个人的落后和不足。个人体育锻炼计划一般在每个学期初制订，计划的内容主要包括：锻炼的目标、内容、方法、时间、自我评价要求和标准等。

二、儿童课外体育锻炼的评价

儿童课外体育锻炼的评价是对活动计划执行情况及所取得的结果进行考核和评价。对课外体育工作及其质量效果进行考核，并作出科学的分析和实事求是的评价是学校体育工作的重要一环。其意义在于总结经验，肯定成绩，改进不足，提高水平，再上新台阶。

（一）评价全校课余体育锻炼的组织领导工作

学校将课外体育锻炼列入议事日程（研究讨论作出决定）；全校课外体育锻炼的组织领导体制（职责明确，层层落实，相互配合）；全校课外体育锻炼计划的检查总结；将开展课外体育锻炼的成绩作为学校评选先进集体和先进个人的条件之一。

（二）评价班级课外体育锻炼情况

（1）早操、课间操的出勤率（不迟到、不早退、出满勤）、动作质量（态度认真、动作准确）、组织纪律性（动作迅速、服从指挥、遵守纪律、思想集中、精神饱满等），见表5-1、表5-2。

表5-1 早操检查表（示例）[1]

年级_____ 班_____ 周_____

星期	一	二	三	四	五
早操应有人数					
早操出席人数					
活动内容					
活动时间					
组织纪律					
备注					

表5-2 课间操检查表（示例）[2]

年级_____ 班_____ 周_____

星期	一	二	三	四	五
课间操应有人数					
课间操出席人数					
活动内容					
活动时间					
组织纪律					
备注					

---

[1] 石峻，谈力群.小学体育教育实践与探索[M].芜湖：安徽师范大学出版社，2015.
[2] 同上。

（2）《国家体育锻炼标准》锻炼情况,测验条件和质量,达标率等。要求坚持执行,不搞突击,实事求是(表5-3)。

表5-3 《国家体育锻炼标准》达标情况登记表(示例)[①]

姓名	性别	年龄	测验日期 测验项目								总分	级别
			成绩	得分	成绩	得分	成绩	得分	成绩	得分		

（3）班级体育锻炼计划的制定和执行情况,组织形式(分组)和骨干(组长)落实情况,锻炼效果(必要时可测定运动负荷,进行分析评价),组织纪律(服从指挥、遵守纪律、互帮互学、搞好安全卫生等),出勤率(表5-4)。

表5-4 班级体育锻炼考勤表(示例)[②]

年级　　　班　　　学年　　　学期

周次 出勤次 姓名	1			2			3			4			……
	1	2	3	1	2	3	1	2	3	1	2	3	……

（三）评价个人体育锻炼情况

评价个人体育锻炼情况内容有体育课成绩、通过《标准》情况、通过

[①] 石峻,谈力群.小学体育教育实践与探索[M].芜湖:安徽师范大学出版社,2015.
[②] 同上。

《等级运动员》情况及自我锻炼能力、锻炼习惯的养成(可采取个别访问和召开座谈会形式,表扬先进,树立典型),见表 5-5。

表 5-5 体育锻炼情况表(示例)[1]

学校_____ 年级_____ 班级_____
儿童姓名_____ 性别_____ 出生年月_____

年级					
学期					
体育课成绩					
通过《标准》成绩					
通过《等级运动员》情况	项目	成绩	级别	何运动队	体育教师签名

　　课外体育锻炼开展得好坏、成绩的优劣是反映学校贯彻落实我国教育方针的一个重要方面,也是学校评选先进班级及先进个人的重要条件之一,因而要重视并搞好检查总结和评价工作。

　　评价工作既要深入细致、具体落实、实事求是,又要方法简便可行,做到数据准确、资料完整,以便比较分析,揭示出事物发展的规律,从而把学校课外体育锻炼蓬勃持久地开展起来。

---

[1] 石峻,谈力群.小学体育教育实践与探索[M].芜湖:安徽师范大学出版社,2015.

第六章 儿童课余体育训练

儿童课余体育训练主要是对少年儿童进行全面身体训练,增强体质,同时掌握一些体育基本技术和战术,进行思想品德教育,为将来从事专门训练和终身体育打下良好的身心素质基础。儿童可以通过不同形式和组织(运动队、俱乐部、学校体育协会)参加课余体育训练。儿童课余体育训练是学校体育的重要组成部分,是儿童选择自己所喜爱的项目并通过各种形式参加训练来培养自己终身体育能力的有效途径。

第一节 儿童课余体育训练概述

一、儿童课余体育训练的概念

学校课余体育训练是指利用课余时间,对部分在体育方面有一定天赋或运动特长的儿童进行较为系统的训练,全面发展他们的体能和身心素质,不断提高专项运动技术和水平,为培养体育后备人才而专门组织的一种体育教育过程。

学校课余体育训练是学校体育的组成部分,是学校贯彻普及与提高体育要求的重要内容。《学校体育工作条例》明确指出:"学校应当在体育课教学和课外体育活动的基础上,开展多种形式的课余体育训练,提高儿童的运动技术水平。"课余体育训练是学校体育不可缺少的组成部分。

学校课余体育训练是我国运动训练体制的组成环节之一,是培养体育后备人才的必经之路,是基础训练的一种组织形式。我国大部分在国内、国际比赛中夺取优异成绩的运动员都是在学校课余体育训练中得到启蒙的。抓好学校课余体育训练,不仅可以促使儿童全面发展,而且可以为培养优秀竞技体育人才发挥基础性作用。

开展学校课余体育训练,对全面贯彻我国教育方针和体育方针,实现学校教育目标和体育目标,对推动"全民健身计划"和"奥运争光计划"的实施具有积极的意义。

二、儿童课余体育训练的目标

学校课余体育训练的主要目标是对少年儿童进行全面的身体训练,增强体质,同时掌握一些体育基本技术和战术,进行思想品德教育,为将来从事专门训练和终身体育打下良好的身心素质基础。其具体目标有以下四点。

(一)全面发展身体素质,提高运动能力

学校课余体育训练的主体是处在身心发育关键时期的少年儿童,为了使其身心全面发展,应加强身体训练,促进他们身体的正常发展。

提高生理功能,全面发展身体素质。在此基础上不断发展专项素质,提高运动能力,学习和掌握专项运动的基本知识、基本技术,为从事专项运动训练打好技术、战术等方面的基础。

(二)输送后备人才,培养群体骨干

通过课余体育训练,可以使儿童各方面的能力得到发展和展示,为学校开展群众性体育活动培养体育骨干,为优秀运动员队伍(包括体育俱乐部)和高一级学校(包括培养体育教育人才的专门学校)输送后备人才,形成我国层层衔接的训练体系和业余训练网。

(三)培养终身体育能力

课余体育训练是学校体育的重要组成部分,是儿童选择自己所喜爱的项目并通过各种形式参加训练来培养自己终身体育能力的有效途径。

(四)进行思想品德教育

课余体育训练过程本身就是一个教育过程,它可以进行爱国主义、

第六章 儿童课余体育训练

集体主义和社会主义思想教育,提高儿童对体育的认识和兴趣爱好,培养现代社会的竞争意识和优良的体育道德作风,以及顽强拼搏的意志品质。

三、儿童课余体育训练的内容

开展课余体育训练,对发展我国体育事业和建设体育强国,都具有极其重要的意义。我国体育运动发展的战略目标,就是把我国建设成为世界体育强国,而竞技体育的成就是衡量体育强国的重要标志之一。要搞好竞技体育工作,一方面要建设一支高水平的运动员队伍,在国际大赛中争取好的成绩;另一方面就是要培养大量的、有运动潜能的少年儿童作为运动员队伍的后备力量。

课外体育训练与一般运动训练一样,都是科学地安排生理负荷及变化的速度和幅度。课外体育训练自身具有基础性、业余性、广泛性等特点。儿童课余体育训练的内容包括身体训练、技术训练、战术训练、心理训练、智能训练和思想品德教育这六个方面。

（一）身体训练

身体训练是指为儿童掌握和提高运动技术和战术,创造优异成绩,打好坚实的身体基础的训练过程。身体训练包括一般身体训练和专项身体训练两个方面。一般身体训练和专项身体训练两者既有区别,又有联系,都是为实现身体训练任务、提高运动技术水平服务的,所以必须使两者紧密结合,全面安排与进行。

儿童课余体育训练不同于一般体育训练,一般的体育训练对运动员身体的要求高。儿童课余体育训练以培养运动习惯和技能为主,从而促进儿童的健康成长。

（二）技术训练

技术训练是指学习、掌握和提高运动技术的训练过程。全面、熟练地掌握基本技术是学习高难技术的基础。儿童课余体育训练中,技术训练的基本要求有以下四点。

1. 建立正确的技术概念

正确的技术概念是进行技术训练的保证。少年儿童求知欲高,善于模仿,容易接受新事物,是学习技术的最佳时期。但是,由于少年儿童的神经系统还不稳定,容易受外界刺激的影响,虽然能较快学会动作,但易受干扰,技术掌握很不稳定,往往容易变形。所以,在训练过程中从开始就应重视技术规格的要求,教师要正确示范和讲解技术要领,使儿童建立正确的技术概念,并经常反复练习,及时纠正错误,防止形成错误的动力定型。

2. 技术训练要全面、实用、准确、熟练

技术全面是要求儿童全面掌握组成专项的各种技术;技术实用是指技术实战性强,符合比赛要求;技术准确是按技术规格完成动作,使之达到技术模式的水平;技术熟练是指技术达到技巧的水平。当技术达到这几方面的要求后,战术训练才能有效进行。技术全面、实用、准确、熟练之间是相互联系,互为条件的,在训练中要全面贯彻。

(三)战术训练

战术训练是指学习和掌握战术的训练过程。战术意识是指在临场比赛复杂多变的情况中,根据比赛规律和各方面的情况随机应变地决定自己的行动,这种自觉的心理活动就是战术意识。我们通常说一个运动员战术意识的好坏,主要是对他在比赛中的预见性、目的性、针对性、准确性、灵活性、隐蔽性以及创造性做出的评判。

基本战术是在一定的身体训练和技术训练的基础上而进行的,因此,对于儿童课余体育训练中的战术训练,主要以启发和培养战术意识为主。

运动战术的形成是有一定规律的,所以在训练过程的安排上要注意各个环节的系统连贯性,训练计划的制订要注意儿童各学段、各年级、各学年、各学期之间的衔接,以保证训练的系统性。

(四)心理训练

心理训练是儿童课余体育训练的重要组成部分,通过心理训练,可以培养运动员调节、控制自己心理状态的能力,学会自我控制技术;有助于运动员个性心理特征的发展与完善,提高其适应各种内外环境条件的能力;有利于提高专项运动所需要的感知觉、思维表象、注意的集中和分配等心理能力,以及抗各种内外干扰的能力;有助于克服各种心理障碍,建立积极的态度定势,帮助运动员形成良好的心理状态投入到训练和比赛中去。

(五)思想品德训练

思想品德训练是指在训练中,对儿童进行思想品德教育的过程,其最终目的是把运动员培养成为有理想、有道德、有文化、有纪律的一代新人。课余体育训练中,要结合训练和比赛的实际,有目的地采用多种形式进行思想品德教育,应注重效果,要严格要求,耐心疏导,多做启发说明工作。教练员要严于律己,以身作则,言传身教,做儿童的表率。

(六)智能训练

课余儿童体育训练的智能训练是指有计划地安排儿童在学好文化知识的基础上,提高他们的体育科学素质,培养他们的观察力、记忆力、想象力以及各种能力,提高他们智能水平的训练进程。

在课余体育训练中,要把智能训练列入训练计划,培养儿童自觉学习文化、学习体育知识和发展智力的习惯,采用多种方法和手段,以提高智力训练的效果。

上述课余体育训练的内容,都有它们各自的特点和作用,但它们之间又是相互联系的,要根据训练的实际和儿童身心发展的特点,在课余体育训练内容的选择和安排上,充分体现基础性,即在全面身体训练的基础上,着重抓好基本技术和基本战术训练,不宜过早地强化专项训练。

第二节 儿童课余体育训练的方法

开展课外体育训练,不但为具有运动天赋和才能的儿童提高运动技术水平创造训练条件,而且为输送更多的优秀体育苗子、为竞技体育培养后备人才奠定基础,这恰恰又加速了学校体育运动水平的提高。课余体育训练的效果,在很大程度上取决于训练方法的正确运用。在学校课余体育训练中,除了要正确运用体育教学的各种方法外,还要根据课余体育训练的特点,广泛采用以下训练法。

一、重复训练法

重复训练法是指在相对固定的条件下,按照一定的要求,反复多次进行同一练习的一种方法。课余体育训练中,运用重复训练法的基本要求有以下三点。

(1)要有明确的目的,正确规定练习的负荷。要根据儿童对运动技能的掌握程度,确定适宜的负荷量和强度,保证每次(组)练习之后有一定的间歇时间。

(2)要选择儿童已经掌握的运动手段,确保练习的准确性。

(3)根据项目的特点合理安排,运用多种组织形式调动儿童的积极性。

二、间歇训练法

间歇训练法是指一次或一组练习之后,按照严格规定的间歇时间进行休息,在运动员机体未完全恢复的情况下,就进行下一次(组)练习的方法。[1] 课余体育训练中,运用间歇训练法的基本要求有以下三点。

(1)根据训练目标安排间歇训练的方案。间歇训练法由三个要素构成,即每次练习的负荷(量、强度和重复次数)、每次或每组练习之间的间歇时间、间歇时的休息方式。

学校课余体育训练通常采用两种间歇训练法。

小强度间歇训练法:个人最大强度的30%~50%,用于发展有氧耐力和局部肌肉能力的训练法。

较大强度的间歇训练法:个人最大强度的50%~80%,用于发展速度耐力和速度力量的训练法。

---

[1] 张红品.儿童青少年体育运动指导[M].连云港:江苏凤凰美术出版社,2018.

（2）间歇训练法要求在运动员机体没有完全恢复时就进行下一次练习，所以运动负荷较大。对于身体机能水平较低的运动员和初中以下年龄的儿童，难以承受较大的运动负荷，不宜采用间歇训练法；高中阶段的运动员可采用间歇训练法，但应加强医务监督。

（3）选用积极的有轻微活动的间歇休息方式，以加速代谢物质的排除，切忌坐、卧等安静休息。

三、竞赛训练法

竞赛训练法是指在近似、模拟或真实的比赛条件下，按比赛的规则和方式进行训练的方法。[①] 竞赛训练法对于培养运动员的应变能力和实战能力有十分重要的意义。

竞赛训练法的主要特点是练习具有竞争性。在学校课余体育训练中常用的竞赛训练法有游戏性竞赛、身体素质竞赛、技术和战术竞赛、测验性竞赛、适应性竞赛等。

课余体育训练中，运用竞赛训练法的基本要求有以下三点。

（1）竞赛作为手段，运用时应该目的明确、时机恰当，要符合儿童的年龄特征和项目特点。

（2）要加强训练的组织工作，有意识地培养儿童参与组织比赛的能力。

（3）要重视对儿童进行思想品德教育。

四、模拟训练法

模拟训练法是根据对手的特点，设置与比赛相似的环境，通过与陪练人员的对练，使儿童获得特殊战术能力的一种针对性极强的训练方法。[②] 随着现代运动水平的不断提高，模拟训练法不仅仅运用于以技能主导的项目的战术训练中，而且在以体能为主导的项目中，为了使运动员能针对比赛场地、气候、日程安排等具体情况进行有效的战术准备，模拟训练也逐渐展开。

---

① 张红品.儿童青少年体育运动指导[M].连云港：江苏凤凰美术出版社，2018.
② 同上。

第三节　儿童课余体育训练的实施

一、课余运动队的组建

儿童课余体育训练是一个循序渐进的过程，刚参加课余体育训练的儿童，由于处于启蒙阶段，比赛能力很低，此阶段应抓好身体素质和基本技术的训练，不宜过早地安排成人化的专项训练和运动负荷，训练内容强调既全面又突出重点，也可以不划分训练周期，而把比赛作为基础训练的一部分。

（一）学校运动队

学校运动队是我国学校课外体育训练中最基础、最普遍、最富有活力的组织形式。学校对参加体育训练的儿童运动员，应处理好训练与学习科学文化知识的关系，切实安排好儿童运动员文化课的学习，注意改善他们的营养，并加强思想品德教育，确保儿童德、智、体全面发展。

（二）体育特长班

部分中小学校会对部分有运动天赋的儿童进行特殊培训，组成体育特长班，旨在发现和培养他们的体育特长。体育特长班是由学校组织教师或教练员，招收本校或周边学校中有体育特长的儿童进行课余体育训练，采用的是自愿、业余的方式，也有的是有偿训练。

（三）体育俱乐部

随着学校体育改革的深入，课外体育活动变得丰富多彩。学校根据儿童的需要，组成了各种形式的体育俱乐部。这种形式依托于经济实体，训练条件有充分的保障，是体育社会化和教体结合的又一新形式。一些具有潜质而未被发现的儿童，如能以俱乐部等形式去满足儿童的训练欲望，就能更好地发现和培养体育后备人才。

学校课余体育训练工作的开展和实施，需要学校各方面的协调配合。首先要根据学校的传统和条件,确定体育训练的项目。再就是组建运动队,这不仅需要选拔具有一定特长的儿童,而且要遴选热爱业余训练工作的体育教师担任运动队教练,同时还需要建立相应的规章制度,以保证课余体育训练工作的正常开展。

二、课余体育训练计划的制订

课余体育训练计划可分为多年训练计划、全年训练计划、阶段训练计划、周训练计划和课时训练计划五种。

（一）多年训练计划

学校课余体育训练的多年计划,大致是根据学制年限来确定的,一般有六年和三年两种。多年训练计划应当包括以下九方面的内容。

（1）多年训练的总目标,以及实现总目标的一些具体设想。
（2）儿童运动员的基本情况,包括身体发育情况、身体形态、身体素质、运动技术、文化水平、个性特征等。
（3）确定身体、技术、战术训练所要达到的总指标。
（4）多年训练计划中年度的衔接、运动负荷逐年提高的大体规划。
（5）训练的主要手段、方法、措施。
（6）各类比赛的大体安排。如校运会、县、市、省及全国性比赛等。
（7）检查评定训练水平的制度和方法。
（8）完成计划所需要的物质条件。
（9）训练计划执行情况的检查措施。

多年训练计划的格式,用文字或表格表示均可,以能说明问题为原则。

（二）全年训练计划

全年训练计划是将多年训练计划的目标和要求,落实到每个年度中,其内容比多年训练计划更加充实具体。全年训练计划根据本年度在多年计划中的目标、任务,上一年度计划的完成情况以及儿童的实际特点等来制订(见表6-1)。

表 6-1　双周期全年训练计划[①]

周期	训练阶段	持续时间(周)
秋冬季周期(11月~3月)	引导阶段	3~4
	准备期基础训练阶段	6~8
	准备期专门训练阶段	3~5
	冬季测验比赛阶段	3~4
春夏季周期(4月~10月)	调整期	2~3
	准备期基础训练阶段	5~6
	准备期专门训练阶段	2~4
	第一比赛期	4~5
	第二比赛期	5~6
	调整阶段	3~4

制订全年训练计划应注意的事项：可根据竞赛任务和运动项目的特点，依据竞技状态形成的规律确定训练阶段。一年中根据一次重大赛事调整一次竞技状态称为单周期，按两次赛事安排则称为双周期，多次赛事则安排多周期。

（三）阶段训练计划

阶段训练计划是指为实现学年训练计划的目标所设计的时间较短的训练计划，是各计划中中间层次的计划，起着承上启下的作用。当全年训练计划在实施过程中出现偏差时，主要通过阶段训练计划进行调整。学校课余体育训练的阶段一般以三个月为一个阶段（见表6-2）。

表 6-2　阶段训练计划格式

时间_____至_____　　总时数_____

训练目标_____

训练指标_____

主要训练内容	负荷	时数	百分比(%)

---

① 董翠香. 小学体育与健康教学设计[M]. 北京：高等教育出版社，2020.

阶段训练计划根据训练任务和重点的不同,可分为基础训练阶段计划、赛前准备阶段计划、比赛阶段计划、恢复阶段计划和临时性短期集训计划等。

1. 基础训练阶段计划

常用在全年训练大周期的准备时期,主要是运用各种有效的一般和专项训练的内容与手段,提高运动员的系统机能水平,发展一般和专项素质。运动负荷量较大,量和强度的增减相互配合并保持在一个较高的水平上。

2. 赛前准备阶段计划

这是在参加比赛前专门安排的训练计划,主要是进行模拟比赛的训练,以完善技术能力,适应比赛的场地、气候、环境等,为进入比赛状态做好充分的准备。其主要内容是比赛性的练习手段和方法,负荷强度大,有时会达到或超过正式比赛的强度。

3. 比赛阶段计划

这是阶段训练计划最主要的计划,目的是做好赛前小周期的调控,以最佳状态完成比赛任务。这一阶段训练的内容方法和手段,主要根据正式比赛任务的需要来选择安排。运动负荷起伏较大,并以强度为主。

4. 恢复阶段计划

这是比赛后进入休整期的训练计划,任务是消除高强度比赛所造成的身心疲劳,使机体能力得以恢复。要适当调整和转换训练内容,以游戏法和放松性练习为主,降低训练要求,尤其要降低运动强度。

5. 临时性短期集训计划

临时性短期集训是指为了参加某个特定的比赛而临时组队进行的一种训练。目的是为儿童创造较好的训练条件,以求在比赛中表现出较高的竞技水平。临时性短期集训的内容和计划具有较为明显的独立性。

第七章 儿童课余体育竞赛

儿童课余体育竞赛是儿童体育教育的重要组成部分,是培养儿童体育兴趣爱好、体育意识和养成良好体育锻炼的关键所在。正确认识和理解儿童课余体育竞赛的特点,是有效地组织开展儿童课余体育竞赛的前提,对丰富校园文化、提升课外活动品位等都会有积极的作用。本章在阐述儿童课余体育竞赛的相关理论的基础上,研究了儿童课余体育竞赛的组织和实施。

第一节 儿童课余体育竞赛概述

一、儿童课余体育竞赛的特点

儿童课余体育竞赛是学校体育的重要组成部分,正确理解和把握学校课余体育竞赛的特点,是能否有效地组织开展学校课余体育竞赛的前提。同时对最大程度发挥学校课余体育竞赛的功能,有着十分重要的意义。

(一)竞赛时间的课余性

课外体育竞赛一般都在儿童的课余时间进行。因此,在确定竞赛日程、时间、内容和形式时,一是要做到每次竞赛时间不能太长;二是不能影响儿童的文化学习和合理的生活作息制度。这就要求在竞赛计划的安排上必须把学校计划组织的竞赛活动与儿童自行组织的竞赛有机地结合起来,使小型多样的竞赛活动经常不断,用小型竞赛为全校性竞赛

第七章　儿童课余体育竞赛

做准备,全校性竞赛推动小型竞赛活动,以促成儿童锻炼习惯的形成。

（二）参加对象的群众性

学校体育是面向全体儿童的教育性活动,不存在选拔与淘汰,课余体育竞赛应考虑到全体儿童的需求。体育运动竞赛项目的设置、竞赛规程和比赛规则的制定都应从全体儿童实际出发,使大多数儿童都有机会参加。

（三）竞赛过程的教育性

学校课余运动竞赛不仅要创造好的运动成绩,取得好的名次,选拔和输送运动员后备人才,更重要的是以体育竞赛作为手段,促进和推动学校体育的各项活动的开展,培养儿童团结协作、勇于进取的上进心,培养迎难而上、勇往直前的坚强的意志品质。

（四）对场地、器材、规则等没有严格的要求

在比赛的形式、场地、器材、规则方面,学校运动竞赛也不必完全按正规比赛的要求,可以结合体育教学、体育锻炼、运动训练进行各种身体素质、单项技术比赛。为了吸引更多的儿童参加,还可以在竞赛规程、参加办法、计分方法等方面,做特殊的规定。还可以根据儿童的年龄、性别特点和体育基础,制定特定的竞赛规则。

二、儿童课余体育竞赛的意义

儿童课余体育竞赛是儿童体育工作的重要组成部分,是实现儿童体育工作任务和目标的重要途径。儿童课余体育竞赛能吸引更多的儿童参加体育锻炼,调动了儿童为建设祖国而锻炼的自觉性,推动了群众性体育活动的深入和普及。通过儿童课余体育竞赛,有利于发现、选拔和培养优秀的体育人才。儿童课余体育竞赛是重要的文化教育内容,有助于丰富和活跃校园文化生活,是学校精神文明的窗口。开展儿童课余体育竞赛有助于培养儿童胜不骄、败不馁、顽强拼搏的竞争意识以及互助合作的团队精神和集体荣誉感。

三、儿童课余体育竞赛的价值

儿童课余体育竞赛具有竞技、健身、欣赏和宣传等多方面的价值(见图7-1),这是由儿童课余体育竞赛的特点所决定的。

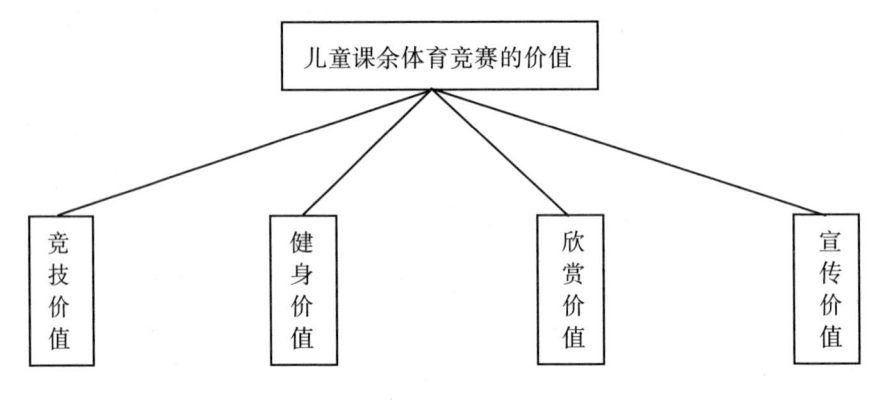

```
              儿童课余体育竞赛的价值
              ┌──────┬──────┬──────┐
          竞技价值  健身价值  欣赏价值  宣传价值
```

图 7-1 儿童课余体育竞赛的价值

（一）竞技价值

在体育竞赛中,儿童全力以赴,最大限度地发挥自身的体能、技能和智慧等,竞技能力得到了发挥和锻炼。可以认为,儿童课余体育竞赛也是对儿童进行课余体育训练的一种有效手段。

（二）健身价值

在体育竞赛中,儿童的身体将承受较大的运动负荷,这有利于促使身体进一步发展,变得更加强壮。广播操、太极拳、健美操等健身体育项目的比赛,由于参加者多,带有群众性,其健身价值就更加显著。此外,体育竞赛符合儿童争强好胜的心理,能吸引更多的儿童主动加入体育锻炼的队伍,因而更具有普遍的健身意义。

（三）欣赏价值

儿童在课余体育竞赛中表现出的力量、速度,敏捷而娴熟的技能、技巧,能使他们受到美的熏陶和享受;巧妙的配合,敢于承担责任的勇气,顽强的作风,稳定的心理,团结拼搏的精神,能使儿童受到高尚的体育人文精神的熏陶和激励,从而有助于他们振奋精神,增添乐趣,更加热爱人生。

(四)宣传价值

儿童课余体育竞赛往往在班与班、学校与学校之间进行,它增强了校、班之间的了解,促进了同学之间的联系和交流,增进了同学之间的友谊,提高了学校的知名度。学校课余体育竞赛的文化教育功能、政治功能、经济功能由此而得到进一步的开发与升华。

四、儿童课余体育竞赛的内容

儿童课余体育竞赛立足于校内,同时也是对外展示的窗口。校内课余体育竞赛的形式主要包括正规的、非正规的、自组织课余体育竞赛。校外主要以校运动队为载体,参加校外各种级别的体育竞赛。

儿童课余体育竞赛的内容一般有全校性的田径运动会和单项比赛(见图 7-2)。全校性的田径运动会在每年春季或秋季举行,经常设置的项目有短跑、中长跑、接力跑、跨栏跑、跳高、跳远、标枪、铁饼、铅球等。平常开展的单项比赛有广播操比赛、球类比赛、武术比赛等,而到了夏季则可以开展游泳比赛,冬季开展长跑比赛,内容非常丰富,形式多种多样。

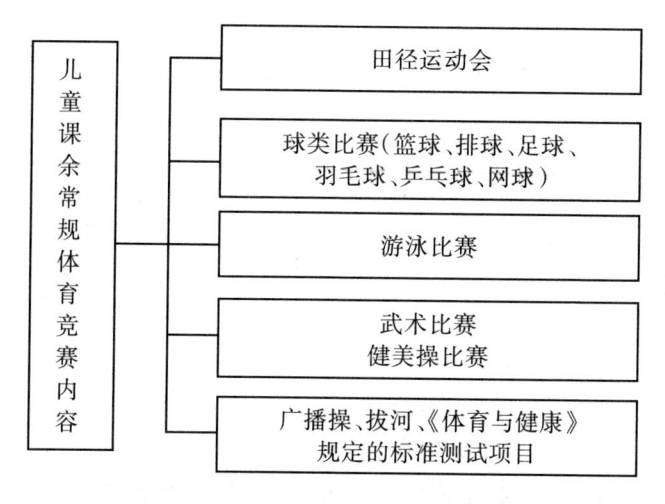

```
                    ┌── 田径运动会
                    │
                    ├── 球类比赛(篮球、排球、足球、
儿童课余常规        │    羽毛球、乒乓球、网球)
体育竞赛内容 ───────┼── 游泳比赛
                    │
                    ├── 武术比赛
                    │    健美操比赛
                    │
                    └── 广播操、拔河、《体育与健康》
                         规定的标准测试项目
```

图 7-2 儿童课余常规体育竞赛内容

还有一些学校,除了开展上述常规性的体育竞赛外,还开展时尚体育竞赛活动(见图 7-3)。

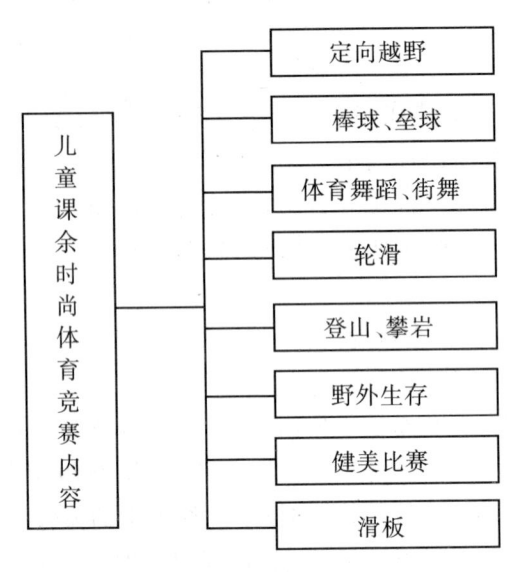

```
                    ┌─ 定向越野
                    ├─ 棒球、垒球
儿童课余时尚         ├─ 体育舞蹈、街舞
体育竞赛内容  ──────┼─ 轮滑
                    ├─ 登山、攀岩
                    ├─ 野外生存
                    ├─ 健美比赛
                    └─ 滑板
```

图 7-3 儿童课余时尚体育竞赛内容

第二节 儿童课余体育竞赛的组织

不同的学校课余体育竞赛的形式,所起到的效应是不同的。竞赛的组织是竞赛举办成功的关键,采用什么样的体育竞赛方法又是合理掌控整个竞赛时间、准确反映参赛者真实水平的有效手段。本节以学校运动会为例阐述儿童课余体育竞赛的组织。

学校定期举办的丰富多彩的儿童运动会或体育表演,是学校体育活动的组织形式之一。组织运动会,既是对学校日常体育活动开展效果的检验,也是教师与儿童、教师与教师、教师与家长间的交流、学习、分享活动。

运动会能激发儿童从小热爱体育的兴趣,提高锻炼身体的积极性和主动性,同时,也是他们相互观摩和学习的良机。运动会不仅能使儿童在和谐、平等、友爱的运动环境中感受到集体的温暖和情感的愉悦,增强儿童的集体荣誉感,还能使儿童在不断体验进步或成功的过程中,增强自尊心和自信心。在运动会上,邀请家长和上级领导观看并参加表演,不仅使他们对儿童的健康情况和体育活动情况有所了解,同时,还能促进与学校同事间的关系,有利于共同开展体育活动,为增强儿童体质协同工作。

一、运动会活动的目标

（一）认知目标

（1）了解运动会竞赛规则,知道运动安全常识,有自我保护意识。
（2）认识丰富多彩的运动形式,学会轮流、等待、分享、谦让与合作。

（二）动作技能目标

（1）增强走、跑、跳跃、投掷、攀登、钻、爬等综合运动能力。
（2）锻炼柔韧、力量、灵敏等身体素质。
（3）练习儿童体操与队列队形变换。

（三）情感态度目标

（1）积极参与运动游戏项目,愿意展示自己,喜欢集体活动。
（2）愿意与不同年龄、不同班级的儿童分享、交流、互动。
（3）热爱运动,体验亲子运动的乐趣,感受集体的温暖,积极乐观面对困难。

二、运动会的内容

运动会的形式是将表演与小型的比赛相结合,也可以是大型的角色游戏活动（如有的儿童扮运动员、有的扮裁判员或者服务员）。

一般以一个学校为基本单位开展,若学校较大,也可分片开展,每片最好包括不同的年龄班,准备工作简单,不会影响学校的正常工作,儿童和教师都没有压力。

(一)表演内容

(1)体操。每个班都要表演已经学过的基本体操,或简单的律动、舞蹈动作,或简单的动作技能(如拍球、猴子式爬、钻圈等)。要求班级中每个儿童都参加。

(2)游戏。每个年龄组都要开展一两项简单的并适合本年龄组儿童能力水平与兴趣的小型游戏表演。

(3)家长和孩子联合表演体操或游戏。

(二)比赛内容(包括个人和集体项目)

(1)基本动作项目。
(2)基本球类动作项目。
(3)自行车、跳绳等。

三、运动会活动的指导要点

(一)合理安排运动时间

教师可根据运动会参与人数或运动会内容合理安排运动时间。

1. 根据参与人数确定比赛时间

班级或年级运动会时间可集中安排在周末进行;全校参与的大型综合性运动会(如欢乐体育节)比赛时间可以长些,可以安排一周的时间。例如,欢乐体育节的时间安排为周一开幕式(全校儿童参加),周二低年级组运动会(一年级、二年级参加),周三中年级组运动会(三年级、四年级参加),周四高年级组运动会(五年级、六年级参加),周五闭幕式(全校儿童参加)。

2. 根据运动会内容确定比赛时间

小型户外运动会可以选择天气好的上午开展;综合性运动会可以安排在周一至周五进行。

(二)做好各项准备工作

开展运动会前,教师应提前做好各项准备工作,包括召开家长会、节目练习和彩排及人员安排等。

首先,应召开全校教职工的准备会,教职工共同讨论运动会的时间安排、内容、流程等。计划内容应该包括运动会的目的、表演和比赛的日期、工作步骤、项目程序表、人员分工、奖励办法、奖品准备等。

运动会程序:①入场式;②校长和儿童代表讲话;③运动员退场;④表演和比赛开始;⑤总结、颁奖。

确定好儿童运动会的主要程序和活动内容后,召开家长会,教师向家长告知运动会流程,运动项目内容规则和需要家长配合的事宜,让每一位家长和儿童都参与到活动中来。

其次,由各班教师带领儿童练习体操和集体表演,再以年级组进行合练,最后进行彩排、熟悉场地。确定比赛项目、规则后,各班准备相关的比赛项目材料,按照设置好的场地,以年级组为单位进行演练,发现问题后有针对性地进行调整。

最后,教师组织各班制作有特色的班牌,选出主持人、裁判员、会场协调人员和服务人员。教师对运动会的各环节的内容、环境布置、道具器材、后勤保障等做进一步的安排,明确分工,责任落实到人,确保儿童运动会的顺利开展。

(三)选择适宜的运动项目

1. 运动会的项目要适合参赛儿童的年龄发展水平

全校大型运动会要按照各年龄段儿童分别设定比赛项目,并根据年龄特点有所侧重。例如,低年级儿童的项目设计一些带有情境的游戏,可以安排亲子游戏,体操以模仿操为主。中年级儿童的项目将游戏和技能相结合,游戏中穿插多种技能,体操以徒手操为主。高年级儿童的项目以轻器械操、接力赛、小组游戏等项目为主,要求项目包含一定的体能活动,个人项目要求技术性较强。

2. 运动会项目设定时要考虑面向全体儿童

运动会项目的设定要兼顾个人与集体,既能展示个人能力,又要显示集体力量。大型集体综合项目可以让全班儿童参加,以团体操和项目竞赛的形式按班级成绩排名。竞赛内容应全面,在项目设计上,教师应综合考虑儿童的跑、跳、钻、爬、平衡、投掷等多方面的运动技能,使儿童获得全面的锻炼和提高,对于低年级组的项目还应兼顾情境性和趣味性。

3. 运动会项目顺序设定要动静交替

在设计运动项目的顺序上,教师应考虑运动量的大小,连续几项运动的安排不能都是运动量大的跑跳项目,也不能都是平衡、投掷等运动量相对较小的项目,应该穿插交替进行。例如,在大型综合性接力比赛项目中,可以综合安排跑、钻、跳、平衡等多个环节,动静交替进行。

(四)做好运动会的现场组织工作

(1)参加的人数要面向全体,尽量让每个健康的儿童都能参加项目,运动会结束时,应给每个班颁奖,并赠送给每个儿童一件小奖品,鼓励每个儿童的积极参与和大胆表现。

(2)运动会应与日常的体育活动结合好。运动会的项目应来源于日常的体育教学和体育活动的内容,可以通过日常的练习过程,为参加运动会做准备。

运动会的准备工作在开学初就布置好,准备时间可以长一些,尽量不要占用其他活动的时间,要保持正常的教学活动。

(3)运动会选择的项目要适合各年龄层次的儿童,且项目数量不宜过多。

(4)运动会前后要与家长保持密切联系,了解孩子的情况,互相配合好。

(5)运动会之前要与附近的医院取得联系,如发生事故能及时处理;还要提前了解天气预报,保证运动会的顺利进行,如果天气骤变,应改期举行。

(6)做好卫生保健工作。运动结束前要细心观察和检查儿童身体状况,注意儿童的运动负荷量不宜过大;运动会后,儿童的营养、休息、卫生等工作要跟进。

(五)做好总结工作

整理拍摄照片或录片,并将工作总结写成书面材料,其总结工作的内容包括:召开运动会对儿童教育的效果、教师工作的经验总结、家长工作的经验总结,整理一些好的表演和比赛项目作为今后运动会的传统内容。此外,对工作表现出色的教师和工作人员要充分肯定,给予表扬。

四、案例

春季运动会

XXXX年3月刚开学,我班就开展了"我做奥运健康娃"的主题活动,在搜集资料的过程中,儿童了解了很多奥运知识,其中儿童最大的兴趣点是奥运项目。为此,我们进行了"奥运项目知多少"的竞答活动,儿童们还争先恐后地说出了自己擅长的项目,如跆拳道、游泳、踢足球、跑步等,并且提出了举办班级春季运动会的希望。

[活动目标]
(1)引导儿童主动调查运动会各项规则和准备活动。
(2)引导儿童围绕运动会话题进行讨论,学会制订运动会计划。
(3)儿童自报运动会项目,培养自主意识。
(4)培养儿童的规则意识、竞争意识、团结意识。
(5)调动家长积极参与班级运动会,增进亲子情感,体现家校共育。
(6)了解儿童本学期体育运动水平。

[活动准备]

1. 经验准备

运动会需要的一些材料、练习相关的运动项目、了解运动会流程和规则。

2. 物质准备

话筒2个,跳绳5根,跳远场地,跑道5条,儿童杠铃4个,跨栏16个,奶箱8个,接力棒(火炬),写有"三年一班春季运动会"的条幅、奖品、领奖台、儿童运动服、亮穗若干、红线、金牌、银牌、铜牌、裁判员、志愿者标志、运动会流程表等。

3. 家长裁判准备

体育教师专用的秒表、统一规则。

4.全体家长准备

与儿童商量亲子项目并在家中练习,穿适合运动的衣服和运动鞋。部分家长带摄像机、照相机。

5.运动会前活动准备

(1)畅谈运动会细则。教师和儿童用谈话、讨论的方式共同制订运动会细则。

(2)制订运动会计划。调查了一系列的运动会比赛细则后,以儿童讨论、教师记录的方式制订运动会计划。

(3)组织大家报名。在报名前,教师一一介绍比赛项目,7个单项中每人可以选报2个项目。按儿童自己报的项目分成7组,每桌有一张报名表,上面有项目图,儿童找到自己的项目,把名字填到相应的报名表里。在报名的时候引导儿童想一想:你哪个项目最棒,报哪个容易得奖牌。

亲子项目报名要求儿童和爸爸妈妈商量,第二天和爸爸妈妈一起填到项目栏里。

(4)组织准备。在物质上,教师和儿童共同制作请柬、奖牌,布置会场,画场地,准备器材;发请柬,请裁判员、摄影师、记录员;召开服务人员会议,布置有关工作;召开全班家长会,介绍运动会内容、比赛规则、比赛顺序、如何观看和拍照等。

[运动会过程]

1.开幕式

(1)请儿童代表讲话并宣布运动会开始。

(2)运动员入场,播放运动员进行曲,运动员排成2路纵队有精神地齐步走,绕操场走一圈。

(3)请校长讲话。

(4)儿童表演亮穗操。

(5)教师提简要规则:请家长和儿童看好比赛顺序单,提前到比赛处等候;比赛过程由专业的摄像师负责摄像,拍照家长请不要进入比赛场地,不能影响儿童比赛;提醒跳绳儿童到X老师那集合,跳远的到X老师处集合。

2. 比赛开始

（1）定时跳绳：规则是时间为1分钟，4人一组，共2组裁判员发令并掐表，计数员分别记录儿童跳的个数，X老师统计儿童最后结果。

（2）跳远（与跳绳同时进行）规则：每人3次机会。（X老师负责）

（3）往返跑：分两大组进行往返跑。

材料：奶箱5个。（X老师发令，家长裁判员掐表，X老师统计比赛结果）。

（5）举重：半分钟，记举起的个数。

（6）跨栏接力赛（团体赛）：3组儿童比赛，每组4人，去时每个儿童需要跨栏4个，绕纸箱回来后直线跑，每组前后两名儿童拍手交接，每个儿童跨栏跑一次，哪组最后一名儿童先到终点即为胜利。

（7）亲子接力赛：4人一组，孩子站一边，对应的家长站另一边，距离35米，家长先跑到孩子处，把接力棒传给孩子，孩子跑到终点（也是家长的起点）。家长裁判员掐表，X老师记录（为了公平起见，按家长的性别分组，分别记成绩）。

（8）亲子背人往返接力赛（距离40米）：每组4人，往返。（裁判员掐表，X老师记录）40米背人跑（为了公平起见，按家长的性别分组，分别记成绩）。

3. 比赛结束颁奖

（1）X老师公布名次，顺序：第三名，第二名，第一名。由学校领导发奖，孩子上台领奖时X老师播放《运动员进行曲》。

（2）亲子项目家长与孩子一起上台领奖。

（3）公布最佳裁判员奖。

第三节　儿童课余体育竞赛的实施

儿童在校学习期间，除了大型的体育竞赛（如田径运动会、体育节、游泳比赛等)由体育老师组织外,平时还在班级之间、年级之间开展许多小型的体育比赛。掌握组织体育比赛的知识和能力,既有利于自己组织比赛,加强相互间的联系和交流,推动课外文体活动的开展,又可锻炼和培养自己的管理、组织和社会活动能力。

一、儿童课余体育竞赛的方法

小型体育竞赛的方法与一般体育竞赛的方法相同,都是按照体育竞赛的规则和竞赛规程的要求进行的。在这里,我们介绍几种最常用的方法。

(一)淘汰法

淘汰法是指在比赛过程中,逐步淘汰失败者,最后得出优胜者的一种比赛方法。淘汰法的优点是可以在较短的时间内,借助于较少的比赛场地安排较多的运动员参加比赛。其缺点是如果安排不当,强手之间会过早相遇而遭淘汰。为弥补这一缺点,可采用设立"种子"的办法来克服淘汰赛的不合理性。

淘汰赛又分为单淘汰赛和双淘汰赛两种。下面介绍常用的单淘汰赛。

单淘汰赛是失败一次即失掉比赛资格,最后只取一名冠军的比赛方法,所以又称为冠军比赛法(图7-4)。单淘汰赛多用于乒乓球、羽毛球、网球的单打比赛。其编排方法一般有如下几个步骤。

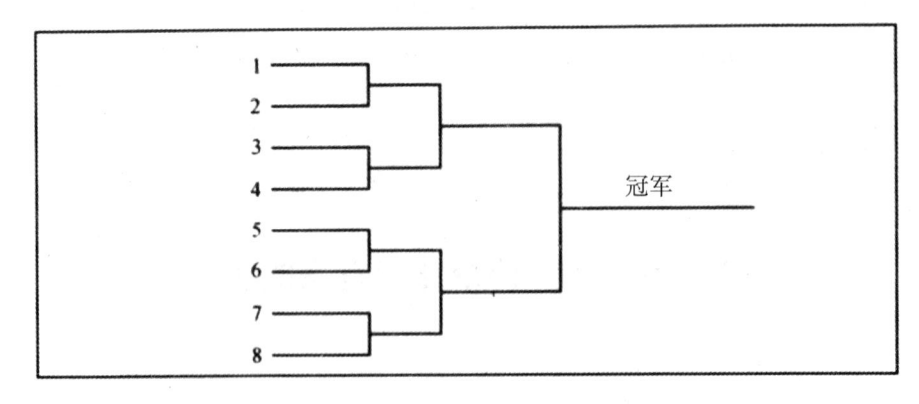

图7-4　8队(人)单淘汰赛编排表[①]

---

① 崔丽.中小学体育教学方法研究[M].北京:现代出版社,2020.

1. 确定参赛队（人）号码位置数

采用单淘汰法时，应根据参赛队（人）数，选择与 2 最接近的，较大的乘方数作为号码位置数。常用的号码位置数有：4、8、16、32 等。

2. 算出比赛轮次和场数

轮次数为所确定的号码位置数 2 的乘方数。场数为参赛队（人）数减 1。

例如：32 人参加比赛，$32=2^5$，轮数 =5 轮，场数 =32-1=31 场。

3. 排比赛次序

比赛次序排好后，由参赛队（人）抽签填入号码位置，然后将比赛时间、场地等写在表中，即成为正式的竞赛次序表。现以某校 4 队比赛为例制得图 7-5。

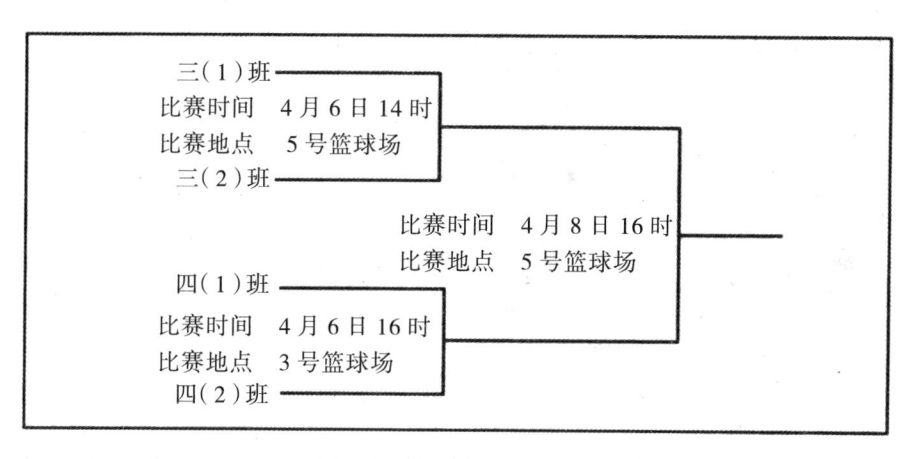

```
三(1)班 ─┐
比赛时间  4月6日14时
比赛地点  5号篮球场
三(2)班 ─┘
         └─ 比赛时间  4月8日16时
            比赛地点  5号篮球场
四(1)班 ─┐                    ─
比赛时间  4月6日16时
比赛地点  3号篮球场
四(2)班 ─┘
```

图 7-5　某校 4 队比赛次序表[①]

4. 算轮空数

淘汰赛第一轮合适的位置数目应是 2 的乘方数。如果参赛队（人）数没有达到 2 的乘方数（如 5、6、7、9、10、11、12 等），则在第一轮比赛设置必要数量的轮空。其计算方法为：轮空数等于或大于参赛队（人）数的乘方数减去参赛队（人）数的差数。

[①] 崔丽.中小学体育教学方法研究[M].北京：现代出版社，2020.

例如：12队（人）参赛，轮空数=16（2^4）-12=4队（人）。

编排次序表时，如果有一个轮空队，通常排在最后的位置上（见图7-6）；如果有几个轮空队，一般均匀地分布在各半区内，使机会尽可能相等（见图7-7）。

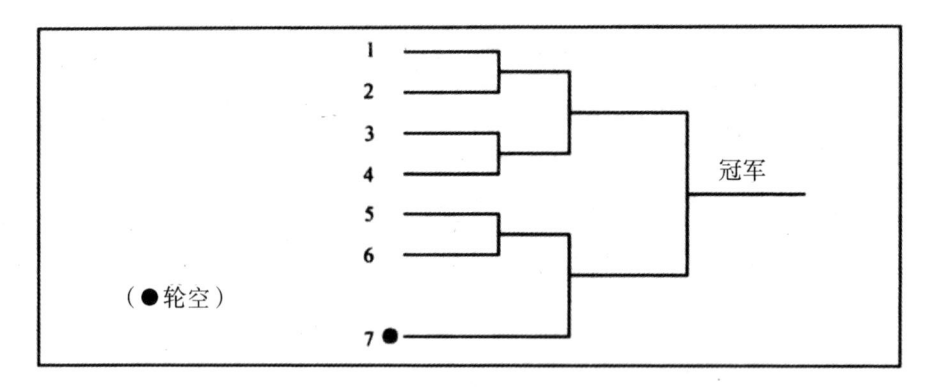

图7-6　7队（人）有轮空位置淘汰赛编排表[1]

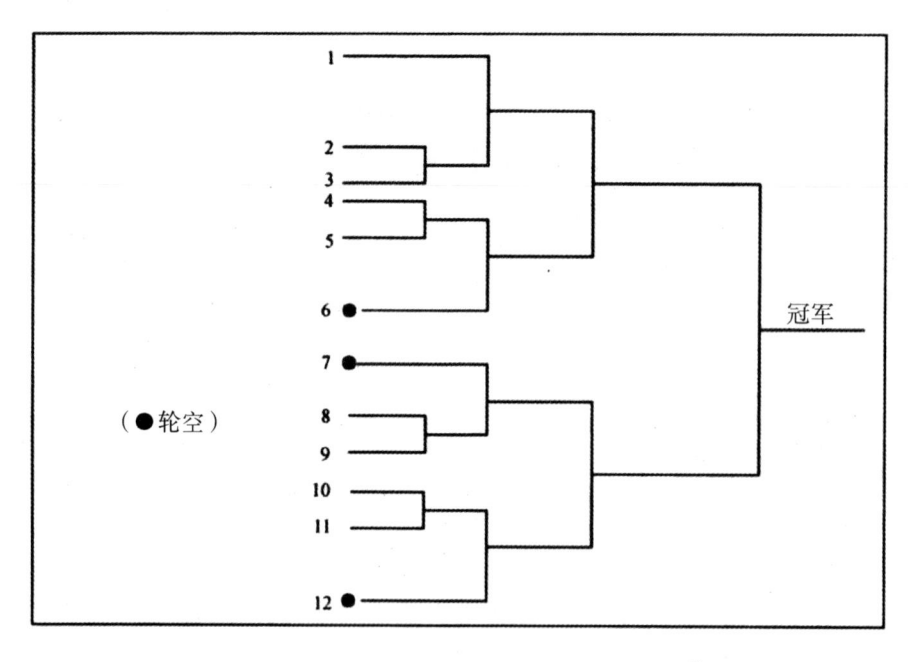

图7-7　12队（人）有轮空位置淘汰赛编排表[2]

---

[1]　崔丽.中小学体育教学方法研究[M].北京：现代出版社，2020.
[2]　同上。

如果有的项目(如乒乓球、羽毛球)参赛的人数较多,为了避免强者过早相遇强者而遭淘汰,一般先将强者确定为"种子",将其均匀地放在相对等的区内,使他们在最后几轮再相遇。

"种子"的位置通常按运动员的水平顺序安排:1号"种子"一般放在上半区的顶部;2号"种子"一般放在下半区的底部;3、4号"种子"放在上半区的底部和下半区的顶部;5、6号"种子"放在第二和第三四分之一区的底部和顶部;7、8号"种子"放在第四和第一四分之一区的顶部,以使同一区的"种子"相隔最远。

也可以用抽签的方法将"种子"安排在相应的位置上,尽可能使前几轮参赛队(人)的实力相当,使比赛更加精彩。

(二)循环法

循环法又称循环赛,是参赛者在比赛过程中,按一定的顺序互相轮流进行比赛,最后综合全部比赛的成绩来决定胜负的一种比赛方法。我国足球的甲A、甲B和篮球的CUBA以及美国的NBA采取的都是这种比赛方法。

循环法是一种较为合理的比赛方法,它克服了淘汰赛的缺点,但赛程较长,比赛场次较多,有一定的局限性。

循环法可分为单循环、双循环和小组循环等几种形式。下面介绍常用的两种竞赛方法。

1. 单循环法

单循环法指所有的参赛队(人)都要轮流相遇一次,最后根据各队(人)全部比赛的积分决定名次的比赛方法。

单循环法比赛轮数和场次计算办法:

轮数:参赛队(人)各赛一场(包括轮空)为一轮。

当参赛队(人)为奇数时,轮数 = 参赛队(人)数

当参赛队(人)为偶数时,轮数 = 参赛队(人)数 -1

例如10个队参赛,则:

轮数 =10-1=9 轮

$$场数 = \frac{队数 \times (队数-1)}{2} = \frac{10 \times (10-1)}{2} = 45 场$$

单循环比赛轮次的编排:如果参赛队(人)为偶数,以8队(人)为例,

按表7-1确定轮次后,第一轮比赛顺序是1至8号位按逆时针方向排列。第二轮1号位不变,2至8号位按逆时针方向移动1位。其他轮次以此类推。如果参赛队(人)为奇数,以7队(人)为例,如表7-2所示,需要在最后一个号位后加"0"号位。再按以上方法编排。

表7-1　8个参赛队(人)单循环次序表[①]

轮次	第一轮	第二轮	第三轮	第四轮	第五轮	第六轮	第七轮
比赛顺序	1—8 2—7 3—6 4—5	1—7 8—6 2—5 3—4	1—6 7—5 3—8 2—3	1—5 6—4 7—3 8—2	1—4 5—3 6—2 7—8	1—3 4—2 5—8 6—7	1—2 3—8 4—7 5—6

表7-2　7个参赛队(人)单循环次序表[②]

轮次	第一轮	第二轮	第三轮	第四轮	第五轮	第六轮	第七轮
比赛顺序	1—0 2—7 3—6 4—5	1—7 0—6 2—5 3—4	1—6 7—5 0—4 2—3	1—5 6—4 7—3 0—2	1—4 5—3 6—2 7—0	1—3 4—2 5—0 6—7	1—2 3—0 4—7 5—6

注：0表示轮空。

轮次排完后进行抽签,按照抽签号填入队(人)名。最后将比赛次序编成竞赛日程表。现以某小学校8队比赛的第一轮为例制得表7-3。

表7-3　竞赛日程表[③]

轮次	比赛队	比赛时间	比赛场地	裁判员
第一轮	五(1)班—五(2)班 五(3)班—五(4)班 六(1)班—六(2)班 六(3)班—六(4)班	4月15日 16：00	1号场地 2号场地 3号场地 体育馆	吴老师、刘老师 王老师、丁老师 蒋老师、邬老师 倪老师、方老师

2. 分组循环法

分组循环赛是把参赛的队(人)分成若干小组分别进行单循环赛,各组分出高低后,再根据竞赛规程进行下一阶段的比赛。如足球世界杯决赛的小组赛,一般将比赛分成两个阶段,第一阶段即为单循环赛,第二阶段把第一阶段各小组名次相同的(或几至几名)重新编组,再进行

---

① 崔丽.中小学体育教学方法研究[M].北京：现代出版社,2020.
② 同上。
③ 同上。

决定名次的比赛。

例如,12 个队(人)参赛,第一阶段分成两组进行单循环赛,各小组 1~3 名进入第二阶段的 A 组进行单循环赛,决出 1~6 名,各小组 4~6 名进入第二阶段的 B 组进行单循环赛,决出 7~12 名。

二、儿童课余体育竞赛的运作过程

组织一次令人满意的体育竞赛,需要经过赛前准备、赛中组织管理和赛后总结等具体而细致的运作过程。

(一)竞赛前的准备

充分而细致的准备工作,是竞赛活动顺利,圆满进行的重要保证。竞赛前的准备工作包括:争取体育老师和班主任多方面的支持和配合,利用多种形式进行宣传,聘请裁判员,联系场地,准备器材,制作竞赛表格等。

竞赛前特别要做好以下两项准备工作。

1. 制定竞赛规程

体育竞赛规程是具体实施一项竞赛的政策和规定,是竞赛的参加者和管理者都必须遵循的法规。

在体育竞赛中,竞赛规则和规程共同协调和制约竞赛的过程。所不同的是,竞赛规则是对技术规范和场地器材的规定,而竞赛规程则着重于竞赛的组织管理。

竞赛规程的内容如下。

(1)竞赛的名称。

(2)竞赛的目的、任务。

(3)竞赛的时间、地点、承办单位。

(4)参加办法(组队单位、分组办法、限报人数)。

(5)竞赛办法(竞赛项目,使用规则,录取名额,计分、处罚、奖励办法,报名日期和地点)。

(6)裁判员和仲裁委员会。

(7)特殊规定和注意事项。

2.进行竞赛编排

在收到参赛队(人)的报名后,根据竞赛项目的特点和规定的竞赛方法进行竞赛编排。

(二)竞赛中的组织管理

竞赛中的组织管理工作包括:组织啦啦队,维持场地秩序,管理场地器材,进行现场的宣传鼓动以及采取必要的医务防护措施等。另外,及时核计每场比赛的结果和累计各队的得分是竞赛中的重要工作之一。下面介绍几种常用的球类比赛计分和评定名次的方法。

1.计分方法

球类比赛计分方法详见表7-4。

表7-4 球类比赛计分方法 [①]

计分方法 计分	比赛结果			
	胜	平	负	弃权
A方法	3	1	0	0
B方法	2		1	0

2.评定名次的方法

由于竞赛项目的不同,计分和评定名次的方法也有所不同,但必须在竞赛规程中有明确的规定。

例一:足球计分和评定名次的方法

(1)胜一场得3分,平一场得1分,负一场或弃权得0分,按积分决定名次。

(2)如果两队或两队以上积分相等,按净胜球决定名次;如再相等,按进球总数决定名次;如还相等,可抽签决定名次。如在第二阶段踢成平局,可进行加时赛,可规定加时赛实行"突然死亡法"决定胜负;如还是平局,可罚点球决定胜负。

例二:篮球计分和评定名次的方法

胜一场得2分,负一场得1分,弃权得0分,按积分决定名次。

---

① 崔丽.中小学体育教学方法研究[M].北京:现代出版社,2020.

（1）如果两队积分相等,两队之间比赛胜者在先。

（2）如果三队或三队以上积分相等,按他们之间比赛胜负场数多少决定名次;两队之间比赛胜者在先。如再相等,则按他们相互比赛净胜分数决定名次;如还相等,按他们之间比赛的得失分率(得分之和/失分之和)决定名次。

例三：排球计分和评定名次的方法

（1）胜一场得2分,负一场得1分,弃权得0分,按积分决定名次。

（2）如果两队或两队以上积分相等,按全部比赛的胜负局率(胜局总数/负局总数)决定名次,分值高者列前;如再相等,则按全部比赛总的得失分率(得分总数/失分总数)决定名次,分值高者列前。

(三)赛后总结

比赛虽然结束,但不可轻视赛后的总结,因为这是吸取经验教训,增长才干的好机会。赛后应做的工作如下。

（1）及时公布比赛结果。

（2）奖励优胜者,宣传高尚的体育道德作风。

（3）整理总结比赛成绩和经验,并报学校存档。

第八章 儿童体育运动与营养卫生保健

健康教育通过有计划、有组织、有系统的教育活动,传播有关健康的知识,促使人们自愿采用有利于健康的行为,消除降低危险因素对健康的影响,从而提高生活质量和生命质量。儿童体育运动过程中要注意营养与卫生健康。

第一节 儿童体育运动与营养

合理营养既是健康饮食产生的结果,又是人体健康的物质基础。因此,儿童要通过健康饮食达到合理营养的目标,促进身体健康,提升机体免疫力,减少各种疾病,改善生命质量,提高劳动、工作、学习效率。[①]

一、宏量营养素

(一)碳水化合物供给

碳水化合物的主要功能是提供能量,其在体内以糖脂和糖蛋白的形式发挥多种作用。

此外,碳水化合物中的膳食纤维,对刺激肠蠕动、排便和预防便秘有一定功效。对于处于生长发育期的青少年学生来说,在体内保持足够的糖原储备是十分必要的。因此,要注意摄取含碳水化合物丰富的食物,

---

① 王胜炳.大学生健康教育[M].成都:电子科技大学出版社,2015.

如米饭、馒头等。

（二）蛋白质供给

青少年学生正处于生长发育阶段,此阶段按单位体重计算所需蛋白质最多,蛋白质的相对供给量要高于成人。青少年运动人群的日常活动量高于普通的青少年学生,针对这一情况,陈吉棣教授建议：青少年运动人群每天需要比同龄人增加摄入10～20克蛋白质。

在众多蛋白质中,动物蛋白质和大豆蛋白质的质量好,氨基酸组成形式符合机体组织细胞合成的需要,有利于吸收利用,属于优质蛋白质。优质蛋白质摄入量应占蛋白质摄入总量的30%以上。

（三）脂肪供给

处于青春期的青少年学生出现生长发育的高峰,生长速度明显加快,能量需要也达到高峰,食物摄入量明显增多,但脂肪供能在总能量中的比例却有所下降。2～7岁的儿童膳食摄入脂肪的能量占总能量的30%～35%,7～17岁的青少年其比例减少到25%～30%。

脂肪中的多不饱和脂肪酸对细胞膜功能、基因表达、心血管疾病防治和生长发育等方面有重要作用,但也有潜在的脂质过氧化作用；单不饱和脂肪酸具有预防心血管疾病的功效,但没有脂质过氧化作用。因此,青少年学生应注意多摄入含单不饱和脂肪酸较多的植物油,少摄入含饱和脂肪酸较多的动物脂肪。

二、微量营养素

（一）维生素供给

维生素的种类很多,青少年学生对不同种类维生素的需要也有所差别。

1. 维生素A

维生素A参与细胞的增生和分化、与生殖系统的发育和功能有关,并且其有助于保持良好的视力。维生素A的缺乏会引起眼干燥症、疾病抵抗力下降等症状。我国青少年学生推荐维生素A每天摄入量：男子为800微克,女子为700微克。同时,青少年学生在补充维生素A时还应该特别注意,由于维生素 A 属于脂溶性维生素,因此其在体内具有蓄积性,长期大量摄入会引发中毒现象。

2. 维生素 B_1

维生素 B_1 与能量代谢关系密切,能量消耗越多,所需维生素 B_1 就越多。青少年学生学习压力大,再加上处于生长发育阶段,所以对维生素 B_1 的需要量也高。缺乏维生素 B_1 可导致运动神经系统和感觉神经系统的障碍。对于普通青少年学生的建议维生素 B_1 摄取量为 0.41 毫克/1 000 千卡~0.55 毫克/1 000 千卡,即每提供 1 000 千卡能量,同时提供维生素 B_1 0.41~0.55 毫克。

相对普通的青少年学生,青少年运动人群的运动活动量较多,因此青少年运动人群的建议维生素 B_1 摄取量为 1 毫克/1 000 千卡。

3. 维生素 B_2

维生素 B_2 主要的生理作用是参与生物氧化,缺乏则会出现口角炎、舌炎、皮炎等症状。基于维生素 B_2 存储能力较小的特点,在补充维生素 B_2 时,不应断断续续,要遵循适量长期的原则。

4. 维生素 C

维生素 C 与组织生长发育和修复有关,同时具有防止骨质脆弱和牙齿松动的作用。

维生素 C 还可以促进铁的吸收,保持机体的免疫能力。缺乏维生素 C 会导致坏血病。青少年学生处于生长发育期,对于维生素 C 的需要较成人要多,我国普通青少年膳食维生素 C 每日的推荐摄取量为 100 毫克。由于过量服用维生素 C 会引起腹泻,甚至出现泌尿系统结石,因此应该依据推荐量科学适量地进行补充。相对于普通青少年学生,我国专家建议,青少年运动人群维生素 C 的推荐供给量为 35~40 毫克/1 000 千卡。

5. 维生素 D

维生素 D 具有调节钙磷代谢、维持血钙水平稳定的作用,同时在促进骨骼和牙齿的生长发育方面也起到了重要的作用。青少年学生如果维生素 D 摄入不足,则会引发佝偻病和骨质软化症。维生素 D 在体内同样具有蓄积性,故应控制其摄入量。我国青少年学生推荐维生素 D 的摄入量为每天 5 微克。

6. 维生素 E

维生素 E 为人类必需的营养素,作为一种功能卓越的抗氧化剂,可以保护细胞膜、细胞骨架及细胞蛋白质免遭自由基的攻击,从而具有抗肿瘤、维护免疫系统功能的作用。维生素 E 的缺乏会导致肌肉营养不良、神经系统功能异常、循环系统损害等症状。同时,过量服用维生素 E 会引起恶心、呕吐、腹泻等胃肠道不良反应。我国普通青少年学生推荐维生素 E 的摄入量为每天 14 毫克。青少年运动人群维生素 E 的摄入量应比普通青少年学生高。

(二)矿物质和微量元素供给

1. 钾、钠、钙、镁

钾离子对于维持正常肌肉神经细胞兴奋性和心肌功能具有重要作用,因此青少年学生应该多吃些含钾较高的绿色蔬菜、水果,并且在天热和运动中大量出汗时还应注意补充含有钾盐的运动饮料。

钠离子在维持体内水电解质平衡和酸碱平衡上起到重要作用。青少年学生在进行体育运动后,大量出汗,可导致钠离子的大量丢失,此时如果只补水不补钠,则会产生低血钠症。钠的补充也可以通过饮用含有钠盐的运动饮料来实现。

青少年学生时期骨骼生长迅速,对钙的需求很高。骨骼增长高峰女子为 10~14 岁,男子为 12~16 岁,18 岁后增长速度放慢。在此期间,保证钙摄取量的充足对于骨骼发育和骨骼健康十分重要。因此,青少年学生应注意加强钙的补充,并且同时还要注意所补充的钙的质量,需要增加各种奶制品的摄取。

镁离子参与肌肉兴奋时的收缩,机体缺镁时会出现抽搐现象。含有叶绿素的蔬菜是镁的良好来源,同样如果大量出汗,则应该补充含有镁盐的运动饮料。

相对普通青少年学生,青少年运动人群的日常活动量较多,因此青少年运动人群的钾、钠、钙、镁推荐摄入量会相应有所增加(见表 8-1)。

表 8-1　我国青少年运动人群的钾、钠、钙、镁推荐摄入量（g/d）[1]

年龄（岁）	钾	钠	钙	镁
7～11	2～5	1～3	0.8～1	0.3～0.4
12～17	3～6	2～4	1～1.2	0.4～0.5

2. 锌、铜、铁、硒

锌离子具有多种生物功能，最重要的是参与多种酶的组成，与酶的活性有关。青少年学生锌缺乏将会引起生长迟缓、性成熟受阻、雄激素浓度下降以及瘦体重减少等现象。在进行锌的补充时应注意锌的可耐受最大摄入量，不可过量，以免出现毒副作用，并影响其他金属矿物质的吸收。

铜离子是生物催化剂，能够维持机体的造血机能，并具有促进结缔组织形成，维护中枢神经系统功能的作用。铜缺乏可以引起血管疾病。

铁离子在机体中参与氧的运载、交换和组织呼吸过程。青少年学生生长发育快，瘦体重和血容量增加，对铁的需要量增加。铁缺乏可引起缺铁性贫血。因此，青少年学生应该多摄入铁含量高的食物，如猪肝、黑木耳、海带等，并且为了确保铁的吸收率还可配合一些食用补铁剂。

硒在机体内具有抗脂质过氧化、清除自由基、保护生物膜等重要作用。含硒较高的食物有动物内脏、海产品、肉类等。

相对普通青少年学生，青少年运动人群的日常活动量较多，因此青少年运动人群推荐的锌、铜、铁摄取量会相应有所增加（见表 8-2）。

表 8-2　我国青少年运动人群推荐的锌、铜、铁摄入量（mg/d）[2]

年龄（岁）	锌	铜	铁
6～9	15～20	2.5～3.0	20
10～12	20～25	3.0～3.5	20
13～17	20～25	3.0～3.5	25

三、膳食纤维

膳食纤维是指不能被人体小肠消化吸收，而在人体大肠内能部分或

---

[1] 石峻，谈力群.小学体育教育实践与探索[M].芜湖：安徽师范大学出版社，2015.
[2] 同上。

全部发酵的可食用的植物性多糖成分及其类似物质的总和,包括纤维素、半纤维素,果胶、树胶、木质素以及相关的植物物质。根据膳食纤维的溶解性,科学家们将其分为可溶性纤维和不可溶性纤维。绝大部分植物性食品都含有两种纤维,只是比例有多有少而已,而且成熟的、过熟的以及谷皮较多的食物中,膳食纤维的含量比精细的谷物制品如精白粉、精白米、嫩蔬菜中的含量高得多。由于人体并不含有分解膳食纤维的酶类,所以膳食纤维在小肠内不能被消化吸收,而只能在大肠内受细菌发酵的作用而分解。

根据研究,膳食纤维在人体内具有重要作用:降低血胆固醇水平,预防心脑血管疾病;促进胃肠蠕动,减少便秘、肠道疾病的发生;预防糖尿病;控制体重。

美国膳食纤维专家委员会提出美国健康成年人的膳食纤维推荐量为每人每日摄入 20～35 克为宜,或以每千卡(4.2 兆焦耳)能量摄入 10～13 克。中国营养学会 1998 年推荐的膳食纤维每日摄入量为 24.9～36.4 克。对于儿童青少年来讲,由于膳食纤维降低了食物中的能量密度,影响其他营养素的消化吸收,因此过高的膳食纤维摄入对身体的生长发育不利。

第二节 儿童体育运动与卫生

一、学校体育课卫生要求

对学校体育课的内容、方式、时间、负荷等的具体要求。学校体育课应符合下列卫生学原则:①课程的内容和运动量要适合学生年龄、性别和健康状况特点。②遵守体育锻炼的基本原则。③体育技能的教学要有助于增进健康、匀称发育和正确姿势的形成。④每周体育课与课外体育活动相结合。⑤体育课应有适宜的运动场和运动器材。⑥学生上体育课时服装和鞋应符合运动要求。⑦小学高年级和中学应男女分组教学。

（一）内容与安排

一般来说,每堂体育课应有其主要内容,适当注意全面锻炼。一节 45 分钟的体育课,其开始部分占 2～3 分钟,主要进行组织教学,如整队、检查出席人数、整理服装、交代授课内容及具体步骤等。准备部分占 6～12 分钟,主要使儿童的身体得到一般的操练,为下一步练习做好必要准备,唤起身体各器官系统对运动的适应。基本部分占 25～30 分钟,主要使儿童掌握专门的活动技能,改进运动技巧,提高身体素质和提高训练程度。结束部分占 3～5 分钟,主要进行整理活动,使儿童由剧烈的运动状态逐渐恢复到运动前的生理水平。

（二）运动量

运动量的大小主要由体育课的强度、密度和时间三要素决定。体育课强度指在单位时间内所完成的功。体育课密度指一节课内儿童自己锻炼和练习的时间占整个课时的百分比。一般认为体育课的密度以 30%～40% 为宜,但同时应考虑活动强度和时间因素。如强度大的练习,其活动时间不宜持续太久,练习后需要休息较长的时间,因而密度不能太大。在体育课中,儿童的脉搏（或心率）随运动量增加而逐渐增快。在基本部分时,脉搏频率应达到比运动前增加 75%～90% 的水平（130～150 次/分）,到结束部分时,脉搏应逐渐减慢,在课后 10 分钟以内恢复到运动前水平。中小学生体育锻炼运动负荷卫生标准规定,健康中小学生体育课的靶心率不应低于 120 次/分钟,也不得超过 200 次/分钟。

（三）场地和设施

运动场地的位置、大小和质量等必须符合卫生要求。球场和田径跑道应平坦。松硬适度,不滑,不易起灰。爬绳、爬竿、跳箱和单双杠等均需附设沙坑,并经常翻松。固定器械设备应牢固,无锈、烂、断裂。室内运动场所的采光、照明、温度和湿度等都应符合卫生要求。

二、学校体育锻炼基本原则

针对学校学生体育锻炼,所制订的一系列原则是基本原则。包括经常锻炼、循序渐进、全面锻炼、区别对待、有准备活动和整理活动、运动与休息适当交替等。

（一）经常锻炼

一个动作由不会到会，再到技巧熟练，必须通过多次重复的训练才能实现。体育锻炼对身体各器官、系统的生理功能所产生的良好影响，也是一个量变的复杂过程。如不经常锻炼，这种影响就会逐渐消失。所以体育锻炼必须持之以恒，有计划地、系统地进行。

（二）循序渐进

体育锻炼时，必须按照体育锻炼教学大纲要求进行，有计划、有步骤地根据动作的性质和难易程度逐渐增加儿童的运动强度和复杂程度。在较大运动量和高难动作训练过程中更应遵守循序渐进的原则，逐步增加运动量，使身体逐渐适应新的负担，以免引起过度疲劳或因神经系统和其他器官过分紧张而产生共济失调，造成运动伤害事故。

（三）全面锻炼

必须进行多种项目的锻炼，以促使身体在力量、速度、灵敏、协调、柔韧和耐力等方面都得到发展。专项技巧的训练，也必须建立在全面锻炼的基础上，如短跑训练，不仅需要速度，而且需要灵敏和耐力等作为基础，才能全面提高身体素质。

（四）区别对待

不同年龄阶段、不同性别和不同健康状况的儿童，其生理特点和运动能力不同。每个儿童少年均受遗传和环境影响，同年龄、同性别儿童中，各人的运动能力和身体素质发展都各有特点，个体之间存在较大差异。体育锻炼的内容、方式、方法和运动量等也应有所不同，必须区别对待。

（五）有准备活动和整理活动

运动前后要有准备活动和整理活动，以防运动损伤。在每次运动前应进行适当的准备活动，逐渐增加运动量，使自主神经系统和内脏，尤其是血液循环系统有足够的时间提高其活动水平，以免发生意外事故。

自主神经系统和内脏活动从紧张状态恢复到静息状态需要一定时间,剧烈运动时不能骤然停顿。否则,因肌肉停止收缩,不能把下肢的血液迅速地挤回心脏,而心脏仍保持着高度的活动水平,继续把大量血液输送到下肢,使脑部和全身其他部位相对缺血,以致发生重力性休克。所以,必须逐渐降低运动量,使躯体外周及内脏同时平衡地恢复到静息状态。如在长跑后进行慢跑、行走或做放松体操等。

（六）运动与休息适当交替

运动过程中,要有运动与休息适当交替,以防疲劳和运动创伤。在体育锻炼中,如运动密度太大,没有间歇休息,往往很快出现疲劳,无法完成较大的运动量,还可能引起运动创伤及过度疲劳。但休息时间不宜过长,否则易引起中枢神经系统抑制,使准备活动失去作用,同样容易发生伤害事故。因此,应动静结合,即运动与休息要按具体情况适当交替。

三、学校体育锻炼卫生要求

在学校学生体育锻炼过程中,对锻炼的方式、时间、负荷等提出的具体要求。学校体育锻炼是全民健身的重要组成部分,其目的是促进儿童少年生长发育,增强体质。为了保证体育锻炼的有效性和安全性,预防体育外伤及由于锻炼不当而造成对机体的危害,必须对学校体育锻炼提出基本的卫生要求。

（一）适合年龄特点

不同年龄段的儿童少年,身体形态、生理功能和运动能力都存在较大差异。体育锻炼应根据此特点,计划、组织、安排。

小学年龄阶段,骨骼没有完成钙化而富有弹性,不易骨折而易变形,要注意正确姿势的训练,以免发生脊柱弯曲异常。要加强足部弹跳,锻炼足弓承担自身体重,预防扁平足发生。儿童神经系统及与视、听有关的系统均发展较快,可塑性大,适于发展平衡、协调、反应、灵敏、柔韧等能力的训练。但儿童注意力不易集中,容易疲劳,练习应强度较小,内容多样,活动时间不能过长,休息次数可多,主要是进行基本技能训练,如跑、跳、投掷、游泳等活动以及儿童广播操等。

第八章　儿童体育运动与营养卫生保健

中学年龄阶段,已进入青春期,内分泌活动增强,生长发育进入第二次突增阶段,体内发生着复杂的变化,骨化过程进行得比较激烈,骨骼、肌肉都在增长,肌肉力量在突增期后迅速发展,因此应充分利用青春期进行肌肉系统训练。此时期男生往往喜欢模仿成人而过高地估计自己的能力,故预防体育外伤事故是这时期突出的问题。心脏的发育也进入第二次突增阶段,重量可达到出生时的 10 倍,但是心脏一直到 35 岁左右才能有恒定的大小,这一特点必须在训练中予以重视。肺活量的增长也以青春期更加明显。男女曲线不出现交叉,在青春期以后男生增长比女生更快。在青春期,需要开展游泳、中长跑等加强肺活量的项目,但男女在运动量方面应有不同。

(二)适合性别特点

女生在生理上与男生有很多差异,在选择运动项目和掌握运动量上,必须考虑到女生的生理特点。

女生肌肉量较男生少,下肢比男生短,脊柱长度相对长,骨盆较宽,这些限制了奔跑跳跃的成绩,但因身体重心低,对完成下肢支撑的平衡动作有利。女生心脏重量比男子小 10% ～ 15%。

心脏容积也比男子小,因此,运动时心跳比男子快。女生肩带狭窄,肩带、胸肌发育差,呼吸频率快、肺活量小,所以呼吸功能比男生差些。

在小学年龄时期,女生的各项发育指标均比男生低。在青春发育初期,女生发育开始较早,生长发育比男生先进入激烈增长和变化状态。此后,男生又赶上并超过女生。而在每个发育阶段中,女生在身体形态、结构和生理上均具有其特点。男女生在体力方面的差别,自性发育以后表现得更加明显,这从背肌力、握力以及肺活量等方面测量的结果看出,男女曲线没有交叉现象,而且在性发育以后,随年龄增加差距越来越大。青春后期女生比男生体脂肪比重增加而肌肉比重减少,骨骼也较轻。这些身体结构上的差别增加了参加碰撞和接触性运动项目时受伤的可能性。在安排体育锻炼时男女的运动量要有区别。在对待女生体育运动时,应在运动项目及运动成绩上与男生有所区别。

月经是女生的正常生理现象。在正常月经期间,一般并不出现明显的生理功能变化,因此,不必具体规定女生在月经期不参加体育运动。在月经初潮 1 ～ 2 年内,性腺内分泌的周期性尚未稳定,要安排较小运动量的活动。月经正常的女生,在经期内可组织她们进行徒手体操、托排球,打乒乓球或羽毛球,逐步消除或减轻月经期间的不适感觉,应暂停游泳、冷刺激及其他增强腹压的剧烈运动。另一方面,也需对女生进行宣传教育,以解除顾虑和恐惧。有条件时,可建立月经卡登记制度,以便在此基础上积累有关女生在月经期间从事体育活动的工作经验。在这一方面,班主任、女卫生员、校医与体育教师之间应保持密切联系。

(三)适合健康特点

健康儿童少年进行有计划、有步骤的体育锻炼有利于在原来的健康水平上进步提高。但儿童少年的健康情况和个人的生理功能在同性别、同年龄条件下有个体差异。从体育锻炼的角度来考虑,可以认为绝大多数儿童少年的身体是基本上健康的,可按教学计划进行锻炼。有些儿童即使在健康上有轻微异常如慢性鼻炎、无异常感觉的扁平足,仍可作为健康儿童来对待。还有如心脏功能性杂音、慢性气管炎、肺结核、慢性肝炎等,可经校医提出名单,由体育教师在辅导时灵活掌握。

对少数在发育和健康上有显著的异常或患病初愈的学生,可免修体育课或不参加体育活动。但这只能作为暂时性的安排,原则上不能放弃对体弱儿童少年的体育锻炼。因为适宜的体育活动能加速恢复健康,儿童根据自己的健康情况适当地掌握运动量,并通过体育活动逐步树立恢复健康的信心。

在充分考虑个体特点的基础上,在广大儿童少年中开展形式多样的体育锻炼,以促进他们生长发育并提高健康水平。

(四)负荷要求

中小学生体育锻炼运动负荷卫生标准(WS/T101-1998)规定,健康中小学生体育课和课外体育活动的靶心率不应低于120次/分钟,也不得超过200次/分钟。体育课和课外体育活动时间,每日不少于1小时。体育课和课外体育活动每周不得少于5次。每次锻炼基本部分的运动时间应为20~30分钟。对月经正常的女生,月经期间要减少运动量,应避免增加腹部压力和全身剧烈震动的运动,停止游泳等水下运动。对月经异常的女生,月经期间应停止体育活动。

第三节　儿童体育运动与医务监督

医务人员根据学生的每年健康检查结果而进行体育锻炼健康分组和医务监督并对体育锻炼的过程进行监督。体育教学医务监督的主要内容有健康分组、预防运动创伤，主要目的是预防学生运动创伤和其他意外伤害的发生。

一、健康分组和特殊疾病的医务监督

根据学生每年的健康检查结果进行体育锻炼的健康分组。体育训练时对体弱、患病的学生应与一般学生区别对待，否则将影响其身心健康。同时，也不应轻易允许他们免修体育课和不参加体育活动，因为适宜的体育活动对于他们康复有益。因此，必须加强对学生患病情况的医务监督，根据个体健康情况和体力特点安排适宜的体育活动。

（一）心脏病

中小学生的心脏病一般以风湿性和先天性为多见。体育活动应根据其病变程度，心血管功能状况和平时参加体育活动的情况决定。凡器质性心脏病，心血管功能检查正常，又能经常参加体育活动者，可加入准备组；无运动史，功能状况异常，均归入特别组；有生理性杂音者（其特点是收缩期吹风样杂音，多局限于心尖部和肺动脉瓣区，不伴有心动过速、心律不齐、心悸胸闷、胸痛等心脏病体征，运动之后其杂音往往消失），心血管功能正常，又经常参加体育活动，可加入基本组；如无运动史，则加入准备组。

（二）高血压

对血压增高的学生，如心脏、肾脏无病理变化，自我感觉良好，心血管功能正常又经常参加体育活动，一般可归入基本组；如无运动史则归入准备组;如心、肾等器官有病理改变,心血管功能虽在正常范围且经常参加运动,仍应归入准备组;如有功能异常又无运动史,则应归入特别组。

肺结核主要依据其病变性质、范围大小及身体功能状况(包括自我感觉和客观反应),如食欲、睡眠、疲倦、体温、红细胞沉降率、体重、盗汗、心率等综合考虑。病变范围小,病灶钙化、硬结超过2年,平时又经常参加体育活动者,可参加基本组;病变范围较大,钙化硬结不到2年或病变范围虽小但未完全硬结者,一般可归入准备组;自觉存在症状(如低热、盗汗、易疲劳、食欲不佳、睡眠不良等),类似浸润性肺结核吸收期,则应归入特别组;病情恶化、扩散,则应停学治疗。

肝炎对肝大、肝功能检查异常,乙型肝炎表面抗原(HBsAg)阳性被确诊为肝炎者,应停学治疗3~4个月;肝功能恢复正常,HBsAg转阴后(检查2次以上证实),可参加准备组;肝功能不良者,则归入特别组。

(三)呼吸道疾病

有慢性呼吸道疾病的学生很少需要限制体育活动。随运动量突然增大通气后,有严重气喘者可能引起支气管痉挛,通常可用支气管扩张药或减轻活动处理。用力性体育活动一般可增加心肺系统的适应能力和耐受性。

(四)糖尿病

鼓励其参加普通体育活动。锻炼可以减少糖尿病的胰岛素需要量,但对疾病是否有长期效果尚不清楚。延长锻炼可能造成低血糖,故对糖尿病学生供应碳水化合物是有用的。

二、预防运动创伤

运动创伤的原因,主要有:①训练水平不够,没有掌握动作要领,动作不正确而受伤。②组织工作做得不好,一方面没有根据学生当时的健康情况合理安排,另一方面在辅导时没有注意安全保护。③没有注意场地设备的检查,缺乏必要的防护设备。④生理状态不良,如过度劳累、疾病、思想不集中。⑤不良的气候因素,如雨后路滑、光线不足、气温过高或过低等。⑥没有做好准备活动,容易发生肌肉拉伤和关节扭伤等。应针对上述因素,尽力创造有利于开展体育运动的条件,注意消除不良因素,如定期进行体检,加强学生的自我观察,建立基层卫生员制度等。最重要的是要经常对学生进行思想教育,端正锻炼态度,遵守纪律,按规定操作,并互相督促帮助。

第九章 儿童体育运动与安全教育

加强儿童体育运动的安全性教育是开展体育运动的重要前提。因为部分学生对于运动损伤认识不够或者在平时锻炼时没有按照科学的方法实施而产生损伤，还有一些因为主、客观因素（如器材隐患、气候条件、技术掌握不全面等）而导致的事故、意外、突发、偶发事件无法预料和避免而造成的损伤。所以在平时教学和课外锻炼中，贯彻预防为主的方针，多渠道开展学校安全教育宣传，把安全教育作为上课的一项内容。本章主要阐述了儿童体育运动安全教育的内容、儿童体育运动损伤及处理、儿童体育运动处方的制定。

第一节 儿童体育运动安全教育的内容

根据我国大部分学校的实际情况，本节将球类运动、田径运动和体操运动的安全问题作为重点，分别从运动场地、器材及项目两方面对儿童体育运动安全教育进行阐述。

一、球类运动安全教育的内容

（一）球类运动场地、器材的安全措施和安全教育

目前，我国各类学校最常见的球类运动包括篮球、足球和排球，其次为乒乓球和羽毛球。

1. 学校应尽的职责

定期派专人检查球类运动场地、器材。检查器材安装是否松动；器材零件是否陈旧老化；器材是否变形；塑胶场地是否有破损、隆起等现象。同时要及时解决存在的安全隐患。

2. 体育教师应尽的职责

课前体育教师例行检查上课所用球类场地、器材，确保安全后再进入教学环节，发现存在的安全隐患要及时向有关负责部门或负责人上报。课上教师要强调正确使用球具，如篮球、羽毛球拍等；教育学生规范地使用球类器材，如篮球架、足球门桩等。教授学生自我保护的技巧，如躲避突如其来的球的技巧、合理避让与球门柱相撞的技巧等，以此提高学生自我保护的能力。

3. 学生应尽的职责

课前，负责借送球具的值日生或体育骨干要尽到看管的义务，以防丢失和损坏；课上，要听从教师的组织和安排，以防混乱导致球具伤人。

（二）球类项目的安全措施与安全教育

球类项目属于同场竞技运动，具有较强的竞争性。保证学生在这些项目中运动安全是每一位体育教师应尽的职责。

1. 教师方面

（1）安排比赛前，要重点强调规则，使每位学生怀着"友谊第一、比赛第二"的信念参加比赛，避免因争强斗气而出现违规，或动作粗野导致伤害事故的发生。

（2）在直接对抗的球类运动的教学过程中，教师要教会学生规避合理冲撞和躲避被球击中的技巧，减少意外伤害事故。

（3）在直接对抗的球类比赛中，教师要仔细观察学生，有效控制学生的激动情绪，适时调节课堂教学比赛的紧张气氛，预防过激行为的出现。

2.学生方面

（1）在课上，不要用球具打闹玩笑，以免意外伤到他人。

（2）在直接对抗的球类项目的练习和比赛中，要动作规范，遵守规则，避免造成自己和他人受伤。

二、田径运动安全教育的内容

（一）田径运动场地、器材的安全措施和安全教育

田径运动几乎是我国所有中小学校体育教学必修的课程，最常用的场地有跑道（图9-1）、跳远用跳板和沙坑，最常用的器材有实心球、架、跳高架、跳高杆、跳高垫、接力棒等。

图9-1 田径跑道

1.学校方面

由于田径场地是学生在校活动的主要场所，因此学校每天都应有专人定时检查田径场地内所有固定器材，做好维护、修理、更换和采购等工作。

2.教师方面

课前体育教师例行检查上课所用田径场地、挑选可用的器材，如排除场地上的异物、平整沙坑、挑选平整有弹性的跳高垫，挑选完好没有

第九章　儿童体育运动与安全教育

破损的接力棒等。体育教师一定要严格要求学生的课堂纪律,听从指挥,对违规的学生要严厉地批评教育,预防意外的发生。

3.学生方面

课前,负责借送田径器材的值日生要尽到看管的义务,不但要防止丢失和损坏,还要阻止其他学生擅自拿取练习。课上,学生要听从教师的统一指挥和组织安排,不争抢器材、不乱闯投掷区等。课后,学生要配合教师安全回收器材,由专人送还器材室,不在没有教师的指导下私自进行练习。

(二)田径项目的安全措施与安全教育

田径运动包括的项目比较多,在一般学校中最常见的有长跑、短跑、跳高、跳远、铅球、铁饼等。相对于其他运动项目而言,田径项目对学生体能方面的要求比较高。因而要求体育教师在教学过程中要有一定的方法和技巧。

1.教师方面

(1)安排与学生身体和心理特点相符的教学内容,避免因为安排超出学生能力范围的练习而导致伤害的发生。

(2)使学生了解一些所学所练的项目对患有某些疾病的人来说是不适合的,甚至是有生命危险的。

(3)使学生了解一些所学所练的项目在进行中或进行后都可能有哪些体征,发现不正常的情况要及时报告老师。

(4)强调一些动作技术的安全要领,使学生具备必要的避免田径运动伤害的能力。

2.学生方面

(1)无论是进行走、跑教学,还是跨、投、跳教材的教学,学生都应该遵守课堂纪律,听从指挥,避免纪律混乱造成跑动中相撞或不听指挥导致的器械伤人。

(2)上课时关注自身身体变化,出现感觉异常和身体不适时要及时告诉教师,如长跑出现头晕、恶心,跳高或跳远崴脚等。

三、体操运动安全教育的内容

（一）体操场地、器材的安全措施和安全教育

在儿童体育运动中，体操运动占有较大的比例，如广播体操、健美操、集体舞等都属于体操的范畴。

1. 学校应尽的职责

定期派专人检查所有体操器材的安全状况，发现问题及时修理、修补，甚至报废和更换。同时对学生在没有教师指导的情况下不允许使用运动的器械要有明确的文字或图片警示。

2. 体育教师应尽的职责

体育教师在课前，要例行检查所用体操器材，如跳板弹性是否正常、山羊脚是否平齐、海绵垫是否平整等，保证体育教学的安全进行。课上，体育教师首先合理摆放好体操器材，如技巧练习时各组海绵垫的位置与学生的站位要合理，避免拥挤和相撞；器械体操练习时，要合理有效地摆放保护垫，避免学生落下时崴脚或起不到应有的保护作用等。其次，体育教师要教育学生不在器械处嬉笑玩闹，以免由于注意力分散掉落器械或动作变形造成伤害。

3. 学生应尽的职责

学生不在教师上课前和做准备活动前进行体操练习，尤其是器械动作的练习，以免受伤。值日生和体育骨干要严格按照教师的要求，认真摆放体操器材，并阻止其他学生课前利用器械进行活动。课上，每位同学都应严肃认真，进行器械或垫上练习时一定要全神贯注。课后，值日生或体育骨干要协助教师及时地将体操器材送还器材室。

（二）体操项目的安全措施与安全教育

教师具备高水平的教学能力、学生具备有效的自我保护能力是进行体操教学的安全保障。

1. 教师方面

（1）要让学生了解各种体操器械的特性并能正确地利用这些特性进行练习。如了解踏跳板的弹性特点并能正确地掌握上板踏跳技术，就能避免因上板位置偏后，跳板弹性小而造成第一腾空过低，不能越过而摔在马上。

（2）针对不同的动作，要让学生了解可能会发生的危险，并教会学生不同的自我保护方法。如动作失败时抓牢器械不轻易松手以防从器械上摔下；落地时屈膝缓冲或顺势滚翻避免身体受伤等。

（3）对于需要相互保护和帮助的动作技术，教师要让学生明确保护和帮助的手法、站位和要领，使学生以高度的责任心进行相互的保护和帮助。

2. 学生方面

（1）将每个动作的基本技术练扎实，适时、主动地与教师交流心得和体会，帮助自己稳步完善和提高动作质量，避免因基础不牢导致动作出错引起的伤害。

（2）学生对于自己害怕的项目，要努力克服恐惧心理，相信保护和帮助自己的教师和同学，尽自己所能完成动作，切忌练习过程中犹豫不决造成伤害。

（3）进行保护和帮助的学生，要以高度的责任心切实尽到保护同学安全完成动作的职责。

第二节　儿童体育运动损伤及处理

在体育运动过程中所发生的各种损伤统称为运动损伤。运动损伤的发生与运动项目、训练安排、运动环境、运动者的自身条件以及技术动作有密切关系。本节从损伤机制和处理两方面来介绍儿童体育运动中的常见损伤。

一、擦伤

(一)损伤机制

擦伤皮肤一般是受外力摩擦所致,表现为皮肤组织被擦破出血,或组织液渗出。比如足球运动中的铲球、相互冲撞后摔倒等动作都可引起擦伤。擦伤常常对训练或比赛中竞技能力的影响不甚严重,因此,往往也最易在运动实践中被忽视。但由于这些伤都与外界相通,容易引起出血和感染。同时也由于任何轻微的损伤,都会给运动员心理上蒙上一层阴影,所以,当出现这类伤时,教练员应及时给予处理治疗。

(二)处理

急救:为了降低感染风险,应该先用体积分数为75%的酒精棉球由伤口边缘一圈一圈地向外擦拭,擦去伤口周围的污物,再用温开水、生理盐水或过氧化氢清洗,然后再用体积分数为75%的酒精棉球消毒,完成后使用无菌的、非黏性伤口敷料覆盖伤口。

治疗:在后续的愈合过程中必须避免感染,如有必要,应该每天更换绷带并使用杀菌剂对伤口进行急性消毒。

二、裂伤、切伤、刺伤

(一)损伤机制

(1)裂伤:指受钝物打击引起的皮肤和皮下组织撕裂,伤口边缘不整齐。

(2)切伤:是锐器切入皮肤所致。受伤边缘整齐,多呈直线形,出血较多。

(3)刺伤:是尖细锐物穿刺皮肤及皮下组织器官而引起的损伤,伤口小而深。

(二)处理

这三种伤轻者可先用碘酒、酒精将伤口周围皮肤消毒,再用消毒纱布覆盖加压包扎。伤口较大、较深、污染较重的,应及时送医院由医务人员做清创术,清除污物异物、坏死组织,彻底止血,缝合伤口;口服或注射抗菌药物以预防感染。伤口小而深和污染较重者,应注射破伤风抗血清,预防破伤风。

三、挫伤

(一)损伤机制

挫伤又称撞伤,是钝性外力直接作用于人体某部位而引起的一种闭合性损伤。如运动中相互冲撞、被踢打或身体碰撞在器械上,都可能发生局部和深层组织的挫伤。最常见的挫伤部位是大腿与小腿的前部,头和胸、腹部的挫伤也不少见。

(二)处理方法

1. 限制活动期(24~48小时内)

局部冷敷、加压包扎、抬高伤肢并休息。较轻的挫伤可外敷消肿膏或一号新伤药,疼痛较重者可内服镇静、止痛剂。股四头肌和腓肠肌挫伤时,应注意严密观察,若出血较多、肿胀不断发展或肿胀严重而影响血液循环并出现休克时,经急救处理后应尽快把伤员送到医院。

2. 恢复活动期受伤(24~48小时后)

肿胀已基本消退,可拆除包扎进行温热疗法,包括各种理疗和按摩。在伤情允许的情况下,应尽早进行伤肢的功能锻炼,逐渐增加关节的活动幅度。股四头肌挫伤且病情已稳定时,患者可以控制股四头肌收缩后才可开始做膝关节的屈伸活动。活动时应先做伸膝练习,屈膝练习宜晚些,不可操之过急。当膝关节能屈至90°,走路不用拐杖时,可视为此期治疗结束的标志。

3. 功能恢复期

逐渐增加抗阻力练习或参加一些非碰撞性练习,如打乒乓球、羽毛球等,并配合进行按摩和理疗等,直至关节活动功能恢复正常。

四、肌肉拉伤

（一）损伤机制

肌肉拉伤，是儿童在运动中肌肉急剧收缩或过度牵拉引起的损伤，在长跑、引体向上和仰卧起坐练习时容易发生，是最常见的运动损伤之一。肌肉拉伤轻者仅少许肌肉纤维扯破或肌膜分裂，重者可能导致肌肉被撕裂，甚至断裂。肌肉拉伤可分为急性和慢性两种类型。引起肌肉急性损伤的机制，分为主动用力拉伤和被动拉伤。

（二）处理

（1）稳定受伤部位。如果怀疑肌肉拉伤，可以用弹力绷带或使用护膝固定患处，保持静卧，让患儿以最舒适的姿势休息，稳定受伤部位。

（2）冷敷。在绷带上放置冰袋或湿毛巾，进行冷敷。并且把受伤部位抬高至心脏水平位置，可减少肿胀和瘀伤。

（3）轻柔包扎。用较厚的软垫包裹受伤部位，并轻柔地用有弹性的绷带包扎伤处。

五、关节韧带扭伤

（一）损伤机制

关节中最易扭伤的是踝关节和膝关节韧带，其次是腕、肘、掌指、腰、肩关节韧带。因主动肌收缩过猛超过自身所能承担的能力，或被动肌受力牵伸超过弹性限度，以及因扭转、挤压关节发生超常范围活动而引起的急性腰扭伤或膝关节外侧副韧带，踝关节外侧韧带扭伤均属此列。

（二）处理

韧带扭伤或部分纤维撕裂，可按肌肉拉伤处理，即冷敷、敷药、压迫包扎、按摩、热敷、理疗等。韧带断裂，应尽快到医院进行缝合或固定处理，使断裂的韧带互相长拢。

六、肘关节脱位

关节脱位就是俗称的"脱臼",是指构成关节的上下两个骨端失去了正常的位置,发生了错位,多因暴力作用所致,而肘关节的脱位在儿童时期是极为常见的,若处理不当,可导致永久性或惯性脱位。此外,关节脱位的同时还有可能发生骨折。

(一)损伤机制

1. 由传达暴力和杠杆作用造成

跌倒时用手撑地,关节在半伸直位,作用力沿尺、桡骨长轴向上传导,由尺、桡骨上端向近侧冲击,并向上后方移位。当传达暴力使肘关节过度后伸时,尺骨鹰嘴冲击肱骨下端的鹰嘴窝,产生一种有力的杠杆作用,使止于喙突上的肱前肌和肘关节囊前壁不幸撕裂。

2. 症状表现

为肘部明显畸形,肘窝部饱满,前臂外观变短,尺骨鹰嘴后突,肘后部空虚和凹陷。关节弹性固定于120°～140°,只有微小的被动活动度。肘后骨性标志关系改变,在正常情况下肘伸直位时,尺骨鹰嘴和肱骨内、外上端三点呈一直线,屈肘时则呈一等腰三角形。脱位时上述三角关系被破坏,肱骨上踝骨折时三角关系依然保持正常,这是鉴别肘关节脱位与肱骨上踝骨折的要点。

(二)处理

固定就医,可用健侧手臂解开衣扣,将衣襟从下向上兜住伤肢前臂,系在领口上,使伤肢肘关节呈半屈曲位固定在前胸部,再前往医院治疗。并且自己不要勉强做复位。调整一下姿势比较痛感,选择痛感较轻的姿势,并用三角巾和夹板固定。然后迅速去医院处理。

七、肩关节脱位

儿童肩关节脱位最常见,约占全身关节脱位的50%,这与肩关节的解剖和生理特点有关,如肱骨头大,关节盂浅而小,关节囊松弛等。并且这个时期的儿童还不能完全了解安全意识与防范的重要性,所以在玩耍时的推拉很有可能就会引起关节脱臼。

(一)损伤机制

1. 肩关节脱位原因

肩关节脱位按肱骨头的位置分为前脱位和后脱位。肩关节前脱位者很多见,常因间接暴力所致,如跌倒时上肢外展外旋,手掌或肘部着地。后脱位很少见,多由肩关节受到由前向后的暴力作用引起。

2. 症状表现

肩部疼痛、肿胀和功能障碍,伤肢呈弹性固定于轻度外展内旋位,肘屈曲,用健侧手托住患侧前臂。外观呈"方肩"畸形,肩峰明显突出,肩峰下空虚。

(二)处理

1. 建议就医

尽快进行复位,主要是以手法复位为主,一般的手法复位有2种,一种是手牵足蹬法,另外一种就是牵引回旋法。但是因复位需要一定的医学知识和经验的积累,所以建议尽快到附近医疗机构就医。

2. 固定患处

复位后,毛巾折叠为三角形并托起前臂将上臂固定在胸臂上3周。当复位无法达到理想的效果时,应迅速送往医院治疗。

八、外伤出血

儿童活泼好动、东跑西跑,无法理解安全、危险的含义,加之部分家长的照顾不周,导致儿童很容易碰伤、摔伤。其实所有创伤均可引起不同程度的出血,当严重创伤伴有内脏破裂或骨折时,出血量更大,常是外伤后导致死亡的主要原因,因此在急救时正确选用止血方法是至关重要的。

(一)创伤的处理原则

1. 处理创伤

发现创伤时,止血、清洁伤口、敷上纱布、包扎绷带(必要处理程序);严重出血、疼痛,或是止血后仍疼痛不已时,须尽早就医治疗。较小或较表浅的伤口,应先用冷开水或洁净的自来水冲洗,但不要去除已凝结的血块;伤口处有玻璃碎片、利器等异物插入时,千万不要去触碰、压迫和拔出,可将两侧创口边缘挤拢,用消毒纱布、绷带包扎后,立即去医院处理。

2. 压迫止血

对大量出血的患者,宜首先采取直接压迫法止血,这是最简单、最有效、也是最安全的止血法。将干净的纱布或手帕敷在伤口处,以手掌或手指用力压迫,直至血止为止;没有布时,也可以手掌或手指直接压迫,效果一样;手、脚出血时可抬高出血部位使其高于心脏,这样止血效果更佳。

3. 止血转送

直接压迫法仍无法止血时,则在纱布或手帕上包扎绷带(继续压迫),如这样仍无法止住血时,就表示情况不妙,经简易救护之后,须尽早就医;其间仍应以手掌或手指在绷带上继续压迫。

4. 止血带

依上述方法亦无法止住血时,可使用止血带,但这个方法稍具危险性(需要严格掌握好捆绑的部位和时间),非到紧要关头,最好不要随意使用。

5. 清洗伤口

止血后,则开始伤口处理;若伤口上有泥尘等脏东西时,以干净的水冲洗干净后再消毒。

6. 包扎伤口

处理完毕后,将干净的纱布敷在伤口处,用绷带包好。

表 9-1 为指压法的具体操作手法。

表 9-1 指压法[①]

部位	操作手法
面部(面动脉)	站在伤员身后,一手固定伤员头部,另一手拇指在下颌角前上方约 1.5 厘米处,向下颌骨方向垂直压迫,其余四指托住下颌。此法用于颌面部及颜面部的动脉破裂出血
颈部(颈动脉)	面对伤员,一只手固定伤员头部,另一手拇指在伤侧的胸锁乳突肌内侧缘动脉搏动处,向颈椎方向压迫,其余四指固定在颈后部。此法用于头、颈、面部动脉破裂的大出血及压迫其他部位无效时。注意不得同时压迫两侧颈动脉
前臂(肱动脉)	站在伤员伤侧,面对伤员,一手握住伤肢腕部,将上肢外展外旋,并屈肘抬高上肢;另一手拇指在上臂肱二头肌内侧缘动脉搏动处,向肱骨方向垂直压迫。此法用于手、前臂及上臂的动脉破裂出血
手掌手背(尺、桡动脉)	面对伤员,双手拇指分别在腕横纹上方两侧动脉搏动处垂直压迫。此法用于手部的动脉破裂出血
手指(指动脉)	一手握住伤员手腕,另一手拇指、食指分别捏住伤指根部左右两侧。此法用于手指动脉破裂出血
大腿(股动脉)	面对伤员,两手拇指重叠放在腹股沟韧带中点稍下方动脉搏动处,用力垂直向下压迫,两手其余四指固定大腿。亦可直接用手掌或拳头垂直压迫股动脉。此法用于大腿、小腿及足部的动脉破裂大出血
小腿(腘动脉)	双手拇指重叠放在腘窝横纹中点动脉搏动处,垂直向下压迫,两手其余四指固定膝部。此法用于小腿及足部的动脉破裂出血
足部(足背及胫后动脉)	两手拇指分别压迫足背中间近脚腕处(足背动脉)和足跟内侧与内踝之间(胫后动脉),两手其余四指分别固定足部与踝部。此法用于足部的动脉破裂出血

九、骨折

在日常生活中,儿童多动就很容易发生骨折,需要留意的是,因为一些患儿不能清晰明确地表述自己的病情,并且有的骨折疼痛和变形等表

---

① 史慧静. 儿童青少年卫生学[M]. 上海:复旦大学出版社,2014.

现症状不明显,所以有部分家长在儿童已经发生骨折的几天后才发现并送医治疗,因而延误治疗时间。

(一)损伤机制

骨折是由于外力的作用,破坏了骨的完整性和连接性。骨折分为闭合性骨折和开放性骨折。其症状是伤肢出现剧烈疼痛、肿胀、皮下瘀血、变形,不能活动、站立和行走等。严重的骨折常常伴随有出血和神经损伤,产生休克、发烧、口渴、便秘等全身症状。

(二)处理

发生骨折后必须及时、正确和认真对待,要利用一切可以利用的物件如木板、扁担、木棍等,将骨折处固定。如果有休克,应先抗休克,然后再处理骨折。如伤口出血,应先止血,再包扎固定。搬运伤肢时,动作要轻,要适当牵引,然后送医院处理。下面具体阐述不同部位骨折的固定方法。

1. 四肢骨折固定方法

在儿童骨折中,四肢骨折最为常见,所以这类的固定方法我们也要牢记。首先双手要稳定地承托患儿的受伤部位,并限制活动;如下肢受伤,此时应将伤肢固定于没受伤的下肢边上,也可以用夹板包扎或绷带固定;包扎完成后需要立刻检查伤肢末端的血液循环、活动能力和感觉。若是上肢受伤,应先用绷带把伤肢固定在躯干。

四肢骨折固定要露出指(趾)尖(图9-2),以便观察血液循环情况。如发现指(趾)尖苍白、发冷、麻木、疼痛、浮肿和呈青紫色等症状时,应松开夹板重新固定。

若是遇到开放性骨折时,千万不要用水冲洗伤口,也暂时无须上药;并且已裸露在外的骨头断端不要试图帮其复位,应立刻在伤口上覆盖无菌纱布,并稍微包扎,以阻隔尘埃等,然后等急救人员到场后接手。

2. 颅骨骨折固定方法

如果患儿意外碰撞头部受伤昏迷,此时应考虑为颅骨骨折,而此刻患儿除了会出现抽搐、呕吐之外,还有可能会出现血性液体(脑脊液)或耳鼻处流血。

颅骨骨折时,最主要的是固定头部,不让其乱动,可将头部轻微垫高,让患儿平躺。若是患儿一侧耳朵有液体流出,应把头侧向流出方,切勿让液体阻塞耳孔。

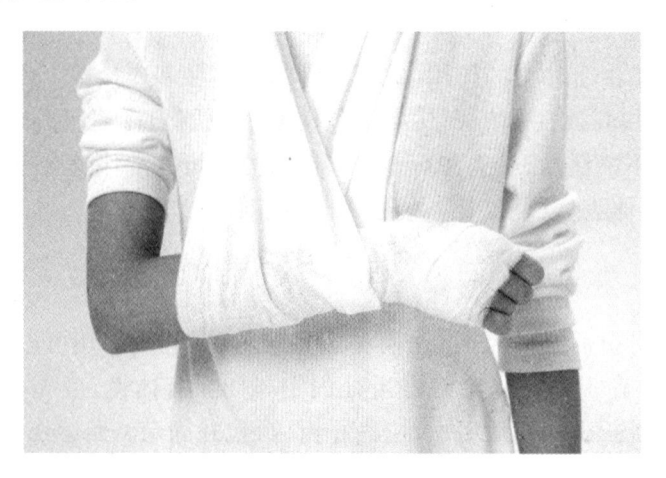

图 9-2　手臂骨折固定

3. 颈椎骨折固定方法

颈椎骨折一般会伴随颈椎错位,并且患儿会出现颈部疼痛、张口困难、头部及四肢不能活动。在对患儿进行检查时,不能左右旋转伤者头部、不要扶起伤者饮水或喂食,不可让其翻身,否则很有可能会压迫脊髓。紧急处理时应用颈托固定患儿颈部或就地取材,将衣物等揉成两个圆团,填塞在患儿头颈两侧,使患儿头颈部位不能随意转动。尤其需要注意的是,颈椎骨折处理稍有不慎便会导致生命危险,除非不得已的情况下,勿要搬动患儿,耐心等候医护人员前来施救。

4. 肋骨骨折固定方法

但凡肋骨骨折均有可能是单根或多根骨折。单根骨折时患儿症状较轻,仅感觉胸痛,随呼吸而加重;但是多根骨折时,患儿会出现呼吸困难,并会有反常呼吸出现(即吸气时胸部反而塌陷)。而此时,家长或救援者应与患儿说"缓慢、轻轻呼吸,减少呼吸时的胸部运动",这样有减轻疼痛的作用。

十、痉挛

(一)损伤机制

在游泳以及进行一些对抗性激烈的运动项目中,由于运动时间过长,强度过大,或由于大量出汗带走体内盐分,肌肉内环境会发生改变。肌肉受到寒冷的刺激时,体温会突然变化。此时若身体非常疲劳,支配肌肉活动的精神调节机能失调,肌肉就会发生痉挛。其症状是,肌腹坚硬、隆起,相应关节活动受限,肌肉活动不听指挥,有既酸又痛的感觉,继而不能活动。

(二)处理

肌肉痉挛时,一般通过缓缓加力,连续牵引痉挛的肌肉来缓解病症,还可配合局部按摩,如揉、捏等。肌肉痉挛缓解后,不宜继续进行运动,而应进行病因治疗,即补充盐水、保暖,进行放松按摩等。

1. 手臂痉挛

伸直痉挛的手臂,将手腕向手背方向伸展,用健侧手慢慢扳直手指,然后按摩手臂痉挛部位的肌肉。若是手指痉挛可将手握成拳头,然后用力张开,再迅速握拳,如此反复进行,并用力向手背侧摆动手掌。

2. 大腿痉挛

如果是大腿前侧的肌肉痉挛,可将腿屈膝向后上方弯曲,同时用同侧手握住脚背,将脚尽量拉向臀部。如果是大腿后面的肌肉痉挛,可以请他人协助,向前抬高痉挛的腿,使膝部伸直,同时按摩痉挛处的肌肉。

3. 小腿痉挛

将痉挛的腿伸直,救助者抓住其脚尖,慢慢地朝膝盖方向向上推,并轻轻按摩痉挛处的肌肉。若是脚趾痉挛可将痉挛腿的脚后跟向上抬起,可以脚尖站立,使肌肉放松。或由他人协助,将痉挛腿的脚趾向上推,待肌肉放松后,按摩脚掌。

十一、中暑

(一)损伤机制

在高温环境中运动时,由于大量排汗,体内的水分和盐分会大量丢失,再加上血管扩张,血容量更显不足,从而引起周围循环的衰竭。中暑时的症状是头痛、头晕、眼发黑、心慌、心跳加快、气喘、口渴、恶心、皮肤发烫、痉挛等,严重时会昏迷晕倒,不省人事。

(二)处理

遇到中暑后,应该立即将患者平卧,置于阴凉处,用冷毛巾敷在患者前额和"心口"处。体温过高时,可用酒精擦拭患者四肢,使其降温。并用手掐住患者"人中""合谷"等穴位,使患者尽快清醒。如仍不清醒,应请医生急救。

十二、"极点"

(一)损伤机制

进行长跑锻炼时,在途中会感到胸部发闷,呼吸困难,两腿沉重,动作失调,速度明显减慢,这是由于肌肉、肺、心脏等器官受刺激频数既快又多,导致供氧不足,使大脑运动中枢对这些刺激一时应接不暇,致使指挥失灵,导致各器官活动的暂时失调所出现的异常反应。

(二)处理

出现"极点"现象时,只要适当降低跑速、加深呼吸、调整跑的节奏,再坚持一段时间,那么胸闷、气急等不舒服的感觉就会全部消失,继而转入"第二次呼吸"。"第二次呼吸"是运动生理学上的专用名词,它表示"极点"之后,全身又增添了新的力量,动作开始变得轻松,呼吸又逐渐均匀。

第三节　儿童体育运动处方的制定

运动处方是指根据参加锻炼者的年龄、性别、健康状况和体适能水平以处方的形式确定其运动目的、运动形式、运动强度、运动时间、运动频率和注意事项的系统性、个性化的运动方案。它是健身活动者进行身体活动的指导性条款。运动处方通常由医生、康复治疗师、社会体育指导员或体育工作者给患者、运动员或健身锻炼者开出,就如同临床医生根据病人的病情开出不同药物和不同用量的处方一样。

标准化而又兼具个体化的运动处方应包括以下六个基本成分:运动目标、运动方式、运动强度、运动持续时间、运动频率、注意事项。

运动处方类似医生给病人开的医疗处方,按锻炼者的年龄、性别、健康状况、身体机能水平和锻炼的经历,用处方的形式规定适当的运动内容、锻炼方法和运动量。

对每一个学生来说,只有制定一份合理的运动处方才能有效地提高自己的健康和体能。

一、确立锻炼目标

确立锻炼目标对设计一份运动处方十分重要。目标可以使你清醒地把握自己,促使自己去实施锻炼的方案。而目标的完成又能增加你的成就感、提高你的自信心,从而激励你终身从事体育锻炼。

锻炼目标可分为短期目标(8～10周)、中期目标(18～20周)和长期目标(50周左右)。目标可随个体的情况、需要和环境的变化进行调整,但不应该频繁变动。锻炼目标的设置详见表9-2。

表 9-2　设置短期、中期和长期锻炼目标[1]

体能成分	目前状况	短期目标	中期目标	长期目标
心肺功能	差	一般	好	很好
肌肉力量	差	一般	好	很好
肌肉耐力	很差	一般	好	很好
柔韧性	很差	一般	好	很好
身体成分	肥胖	较胖	正常	很好

设置目标最重要的原则是：既具体又现实。所设置的目标应该是通过努力能达到的锻炼目标，切勿好高骛远，因为实现不了的目标会使人灰心丧气。

二、选择锻炼模式

（一）锻炼方式

锻炼方式又称运动项目，是指个体进行锻炼时所从事的身体练习活动。例如，为了提高心肺机能和耐力，可以选择跑步、游泳等锻炼方式；为了增强力量，可以选择练习杠铃，哑铃等锻炼方式。应根据个人的需要和目标来选择锻炼方式，也就是说，选择时应因人而异，要考虑到个体的年龄、性别、健康、体能和身体结构等状况。

（二）锻炼的频率

锻炼的频率指每周锻炼的次数。为提高与健康有关的体能水平，每周应锻炼 3～5 次。

（三）运动强度

运动强度指锻炼时人体承受的生理负荷量。运动强度可分为大、中、小三级。测量心率是判断运动强度的标准方法。在运动处方中要规定锻炼应达到而不应超过的心率，心率标准应根据锻炼者的实际情况而有所不同。

---

[1] 史慧静.儿童青少年卫生学[M].上海：复旦大学出版社，2014.

（四）持续时间

持续时间指用于主要锻炼内容的总时间，不包括准备活动和整理活动所花费的时间。运动持续时间在很大程度上取决于运动强度。运动强度越低，持续时间则越长；运动强度大时，持续时间应稍短。如此，才可产生良好的锻炼效果。运动强度和持续时间的配合详见表9-3。

表9-3 运动强度和持续时间的配合[①]

运动强度（心率）%	运动持续时间（分钟）				
	5	10	15	30	60
小	70	60	60	50	40
中	80	75	70	60	50
大	90	85	80	70	60

采用同样运动负荷时，体质好的人宜选择强度大，持续时间短的练习，体质弱的人宜选择强度小，持续时间长的练习。研究表明，如果要有效地提高体能，每次锻炼的时间不得少于20~30分钟。

三、制订运动处方

（一）制订运动处方遵循的原则

1. 因人而异的原则

运动处方必须因人而异，切忌千篇一律。要根据每一个参加锻炼者或病人的具体情况制订出符合个人身体客观条件及要求的运动处方。不同的疾病，运动处方不同；同一疾病在不同的病期，运动处方不同；同一个人在不同的状态下，运动处方也应有所不同。

2. 有效的原则

运动处方的制订和实施应使参加锻炼者或病人的功能状态有所改善。在制订运动处方时，要科学、合理地安排各项内容；在运动处方的实施过程中，要按质、按量认真完成训练。

[①] 张红品. 儿童青少年体育运动指导[M]. 连云港：江苏凤凰美术出版社，2018.

3.安全的原则

按运动处方运动,应保证在安全的范围内进行,若超出安全的界限,则可能发生危险。在制订和实施运动处方时,应严格遵循各项规定和要求,以确保安全。

4.全面的原则

运动处方应遵循全面身心健康的原则,在运动处方的制订和实施中,应注意维持人体生理和心理的平衡,以达到"全面身心健康"的目的。

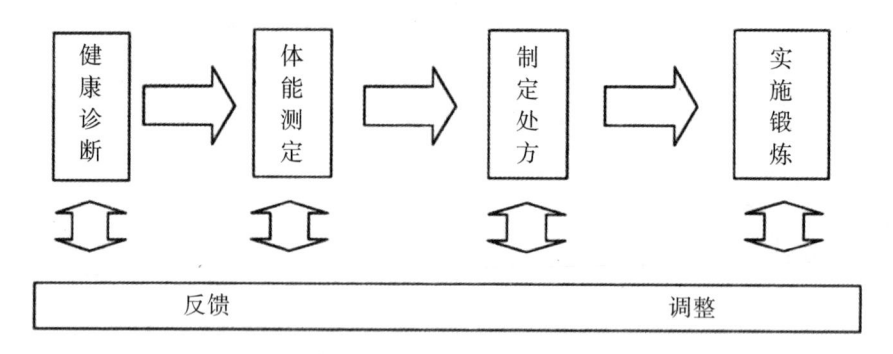

(二)制订运动处方的程序

制订运动处方的程序如图9-3所示。

健康诊断 → 体能测定 → 制定处方 → 实施锻炼

反馈　　　　　　　　　　　调整

图9-3　制订运动处方的程序[1]

(三)健康诊断和体能测定

制订运动处方之前,首先要对身体进行系统的健康检查,健康诊断之后进一步做体能测定,目前多采用12分钟跑(或哈佛台阶试验)的方法来测定(见表9-4)。根据健康诊断和体能测定的情况开出处方,再按照处方进行实际锻炼。经过一段时间的锻炼后再进行诊断和测定,以检查和评定锻炼的效果,为重新修订运动处方提供依据,使之更符合现阶段锻炼的实际要求。

---

[1] 陈辉,杨远飞.学生发展核心素养视域下的课堂教学指南:中小学体育与健康[M].长春:东北师范大学出版社,2017.

表 9-4　青少年 12 分钟跑测验评价表（单位：米）[1]

体能等级	男生	女生
一级（优秀）	2 800 以上	2 600 以上
二级（良好）	2 400 ~ 2 790	2 200 ~ 2 590
三级（一般）	2 000 ~ 2 390	1 800 ~ 2 190
四级（差）	1 600 ~ 1 990	1 500 ~ 1 790
五级（极差）	1 600 以下	1 500 以下

（四）运动处方的格式

运动处方可根据需要设计成不同的格式。常用的运动处方一般分为正面（内容）和背面（自我监督的情况）两部分（表 9-5）。

表 9-5　运动处方格式[2]

运动处方（正面）

姓名	性别	年龄

健康诊断：
体力测定：12 分钟跑　哈佛台阶试验
结果：
准备活动：
锻炼内容：
锻炼时最高心率（次/分）：　每周运动次数：
每次锻炼持续时间：
整理活动：
注意事项：　禁忌运动项目：
复查日期：　自我监督项目：

运动处方（反面）

日期	锻炼情况	身体反应情况

---

① 杨亚琴.儿童健体益智游戏[M].北京：人民体育出版社，2007.
② 陈辉，杨远飞.学生发展核心素养视域下的课堂教学指南：中小学体育与健康[M].长春：东北师范大学出版社，2017.

第十章　儿童体育运动及方法指导

动作是一切身体运动不可分割的基本单位,也是儿童探索环境、操控物体和参与游戏的根本方式。因此如何在儿童体育教学中帮助其全面、系统、科学、熟练地掌握各种动作技能就变得十分重要。基本动作技能是儿童从基本动作模式向专项动作技能过渡的重要发展阶段,其在儿童体育锻炼意识培养、终身运动习惯养成和身体健康促进方面都发挥着十分重要的作用。

第一节　基本动作及方法指导

儿童体育运动基本动作可分为稳定类(如单脚站立平衡、平衡木行走、着陆动作),移动类(如跑步、侧并步、纵跳、跳远、爬行、前滚翻、后滚翻、垫步跳动、直腿跨跳动等),操控类(行进间运球、肩上投掷、凌空抽射等)。本节主要介绍平衡木行走、垫步跳动作与行进间运球。

一、平衡木基本动作与方法指导

(一)平衡木行走动作技能简介

平衡木行走是人体双腿交替承重支撑完成身体位移的移动方式,同时也是以腿部支撑运动为主的人体主要步态之一。平衡木行走动作技能是指在有限支撑平面上完成步态位移期间,始终保持并控制身体姿势平稳的能力。从具体动作来分析,行走主要是指人体向任意方向行进时,身体重心从一脚转移至另一脚的身体移动方式。平衡木行走属于动态平衡的一种。动态平衡具体是指在移动过程中保持控制身体平衡,完成身体重心转移的行进方式。这对于提升狭小支撑平面的空间穿越能力十分重要。对于日常活动(如上下楼梯、骑自行车)来说,平衡木行走的动态平衡属于必备技能之一,而对于大多数的运动技能(如奔跑、跳跃以及躲避等)而言,平衡木行走的动态平衡不仅属于基础动作技能,更是在部分游戏情境中占据着举足轻重的地位。由此可知平衡木行走是一种简便易行且有效地观察不同个体动态平衡能力的评测手段。

(二)平衡木行走动作的评测标准与作用

表 10-1 所示为平衡木行走动作的评测标准与作用。

表 10-1 平衡木行走动作的评测标准与作用[1]

动作要素	动作评测标准	标准动作的价值与作用
1	双脚交替前移,使身体重心在双脚间有节奏地前移	保持身体重心稳定和前移的身体姿态
2	向前行进时,动作连贯不停顿	表现出完成动作的自信
3	前行过程中始终保持双脚落在同一条直线上,且脚尖指向前进方向	表现出良好的平衡感,平衡能力不佳的儿童常通过"外八字"踏步动作承载体重,维持平衡
4	头与躯干保持稳定,目视前方	保持头部和躯干的稳定对于维持动态平衡十分重要,身体重心不能过分摇摆
5	必要时双臂外展维持平衡	平衡能力强的儿童懂得利用外展双臂获得平衡,其知晓双臂侧向摆动对于动态平衡的重要价值

(三)平衡木行走的常见动作错误与教学指导

表 10-2 所示为平衡木行走的常见动作错误与教学指导。

---

[1] 石峻,谈力群.小学体育教育实践与探索[M].芜湖:安徽师范大学出版社,2015.

表 10-2　平衡木行走的常见动作错误与教学指导[①]

常见动作错误	教学指导
行走时面朝下	抬头挺胸,目视前方,身体直立
同侧手脚行走	形成上下肢对侧协调运动,左脚向前迈进时伴随右手前摆
行走时大脚趾球部首先接触地面	行走落地次序依次为脚跟、脚掌心,最后才是前脚掌和脚趾
直线行走时躯干或前后或左右摇摆	调整呼吸,抬头目视前方,保持头与躯干直立,双臂侧举抵消失衡
双侧脚着陆点不在一条直线上	调整呼吸,放慢节奏,收紧肌和臀肌,控制步幅
身体重心上下起伏	抬头目视前方,保持骨盆水平,节奏放缓,双臂举抵消失衡
双臂摆动不规律时	保持头与干正直,放缓节奏,放慢速度
出现动作不流畅及向后撤步	目视前方,紧盯标志物,放慢速度,减小步幅,控制重心跟随前摆

（四）基于动作概念解析的平衡木行走动作技能变换练习内容与方法

表 10-3 为基于动作概念解析的平衡木行走动作技能变换练习内容与方法。

表 10-3　基于动作概念解析的平衡木行走动作技能变换练习内容与方法[②]

	在以下条件和动作设定情景下,你还能够完成平衡木行走吗?		
人体运动方式	姿态控制	动作速率	用力方式
	·前脚掌垫步快走时 ·像踩在灼热的沙滩上 ·像穿着妈妈的高跟鞋走	·快速躲避脚边的蚂蚁 ·随着快慢节奏变化,感觉身体好似被推离或拉回 ·随着鼓点或快或慢行走时	·好像身体被拉扯着 ·根据口令启动或制动 ·像没有电的机器人样行走

[①] 石峻,谈力群.小学体育教育实践与探索[M].芜湖:安徽师范大学出版社,2015.
[②] 同上。

续表

运动空间环境	空间定位	行进方向	运动轨迹
	·绕着呼啦圈走 ·在拥挤的过道中行走不与任何人发生碰撞 ·在锥桶间行走	·用脚跟向前或后走 ·顺着"Z"字形或"O"形线路行走 ·双脚排成直线沿着地面实线做转向或折返行走	·像长颈鹿一样行走 ·好像路面湿滑时降低重心走 ·学黑猩猩走
运动交互关系	身体认知/他人互动	物体交互	
	·双手胸前交叉走 ·与伙伴面对面行走,完成击掌后相向而行 ·与伙伴并肩直线正步走	·绕圈走 ·羽毛球网下运球走 ·头顶豆袋直线走 ·在平衡木上走	

二、垫步跳动基本动作与方法指导

(一)垫步跳动作技能简介

垫步跳是一种双脚轮换做单脚支撑跳跃的位移动作技能,该动作是人体在单脚支撑站立状态下完成向前向上的跳跃动作,同时两腿之间协调用力并依次转换完成单腿跳跃的动作。该动作类似于两脚轮换的"单脚跳绳"或"单脚跳走"的动作形式,由于该动作具有明显的节律性和非对称性的动作特点,而使其成为许多儿童动作游戏中的基础位移动作技能。

从动作模式和结构分析,垫步跳较侧并步等位移动作技能而言,是一项学习难度较大的动作技能。通常情况下,垫步跳动作技能常是儿童熟练掌握了单脚跳和并步跳之后,才开始学习的节律性位移动作技能。垫步跳动作完成需要儿童具备良好的下肢平衡支撑能力、两侧肢体的协调能力、下肢肌肉力量和空间定位感,以上这些因素都是完成垫步跳动作的身体条件与能力基础。

垫步跳是以位移动作技能为主要动作输出模式的体育运动项目的基础要件,该动作常见于篮球、健美操和舞蹈项目中。随着儿童垫步跳动作技能的不断提升,标示着儿童位移动作技能的日臻完善。

(二)垫步跳动作的评测标准与作用

表10-4为垫步跳动作的评测标准与作用。

表10-4 垫步跳动作的评测标准与作用[1]

动作要素	动作评测标准	标准动作的价值与作用
1	单做有节奏地踏步单跳动作	建立"踏步—跳起"的动作节奏是熟练掌握垫步的关键,先掌握正确的踏—跳动作序,再进行节奏练习,先做正确再追求速度
2	单脚着地落于大脚趾球部	建立正确的落地缓冲动作模式,最大限度是免运动损伤
3	支撑腿膝部弯曲,预备发力完成单脚跳跃	适度膝部弯曲一方面可以稳定身体重心,保持平衡,另一方面为跳跃发力提供有利条件
4	双腿均能完成垫步跳动作	双腿均能高质、高效地完成垫步跳动作是反映儿童垫步跳动作技能掌握程度的标志之一
5	头与躯干保持稳定且直立,始终目视前方	良好的身体姿态是高效完成动作的基础,身体斜于任何方向都不利于保持身体平衡
6	两臂放松,始终随对侧腿完成前摆动作	协调、有力的手前摆能够更好地整合全身肌群参与动作完成,同时伴随前摆腿的手臂前摆动作幅度和质量将是影响身体平衡的关键因素

(三)垫步跳的常见动作错误与教学指导

表10-5为垫步的常见动作错误与教学指导。

表10-5 垫步的常见动作错误与教学指导[2]

常见动作错误	教学指导
脱节、不连贯的动作,毫无动作节奏感	轻快而有弹性的踏跳动作
两脚不能交替做单脚踏跳动作	
全脚掌或脚后跟着地	控制前脚掌大脚趾球部跳起和着地
面朝下,紧盯地面和脚	始终目视前方

---

[1] 石峻,谈力群.小学体育教育实践与探索[M].芜湖:安徽师范大学出版社,2015.
[2] 同上。

续表

常见动作错误	教学指导
双臂同时前摆,未能与对侧脚形成对称性协调动作	双臂参照对侧脚的前摆抢起动作,形成协调配合
支撑腿同手臂前摆幅度过小	头与躯干保持直立,始终面朝行进方向
支撑腿起跳时部弯曲不够	按照"踏步—跳起—再踏步—跳起"的动作顺序完成

(四)基于动作概念解析的垫步跳动作技能变换练习内容与方法

表10-6为基于动作概念解析的垫步跳动作技能变换练习内容与方法。

表10-6　基于动作概念解析的垫步跳动作技能变换练习内容与方法[1]

	在以下条件和动作设定情景下,你还能够完成垫步跳吗?		
人体运动方式	姿态控制	动作速率	用力方式
	·好似飞起来一样 ·好似扛着一袋重物 ·欢快地/轻柔地	·先快再慢 ·随着鼓点 ·直线加速/曲线减速	·随击掌声垫步跳,随鼓声静止不动 ·双手抱胸 ·边跳边挥动手巾
运动空间环境	空间定位	行进方向	运动轨迹
	·连续跳,随后原地折返再跳 ·与同伴平行跳,但不触碰 ·绕杆跳	·三步向前,紧接三步向后 ·顺时针/逆时针 ·沿着三角形	·跳起时用对侧手触碰前摆腿膝部 ·尽可能向上跳起 ·降低身体重心,好似穿越低矮的屋顶
运动交互关系	身体认知/他人互动		物体交互
	·跳起后双手击掌 ·与你体侧的朋友跳起后击掌 ·双手叉腰绕圈跳		·从地上的标志圆盘上方跳跃 ·跳起触碰空中的气球 ·边跳边将手巾在两手间传递

---

[1] 石峻,谈力群.小学体育教育实践与探索[M].芜湖:安徽师范大学出版社,2015.

三、行进间运球动作与方法指导

(一)行进间运球动作技能简介

行进间运球是在运动中个人运用双手操控球朝特定方向移动,从而摆脱防守开展攻击的有力手段,同时也是组织全队进攻战术配合的重要方式和连接桥梁。通常情况下,行进间运球是持球向进攻方向推进、躲避拦截、获取分数的有效方式,动作执行者通过下肢的支撑控制和变向位移配合双臂的变换控球来实现,动作的目的是"突破拦截",而动作的实质是为进攻赢得时间和空间上的有利时机。因此行进间运球是许多项目的基础操控性动作技能,例如篮球的手臂高低、变向和背后等运球动作、水球的持球快速游进、传接球等动作以及曲棍球和冰球的持杆运球的动作。虽然运动背景环境、比赛规则和运球方式上各项目之间存在差异,但是运球的根本宗旨是一致的,即在遵守运动项目规则的前提下,通过合理、多变、高效的运球动作摆脱防守方的拦截,最终为本队创造良机获得分值。行进间运球多见于篮球运动,多数儿童对学习该项动作表现出浓厚的兴趣和天然的热爱。行进间运球不仅能够提高儿童对球的感知力以及控制球、支配球的能力,还可以提升儿童的手眼协调能力和反应速度,不断提升其在运动场上的临场应变能力。

通常情况下,大多数儿童在 4 周岁左右都能够掌握行进间运球的基本动作环节,在 6 周岁左右已能熟练地掌握行进间运球的调控动作环节。一般而言,大多数儿童在 8 周岁时都能够建立起较为成熟的行进间运球动作模式。

儿童学习行进间运球动作技能的初级阶段应先从原地运球开始练习。首先无球练习运球前的准备姿势(即双脚开立,整个脚掌朝向前方,膝关节弯曲约 45°,双膝打开且与脚尖方向一致,髋部微屈,骨盆尽量后旋,腹部收紧,背部挺直,肩部放松,手臂微屈,双手掌心朝前放在胸前)。对上下肢配合较为困难的儿童可以先从强调下肢动作开始,再逐渐加入对上肢的要求。在掌握准备姿势后进入原地运球练习,控制好球的落点在运球手体侧斜前方半臂和一臂两种距离。部分儿童不能很好保持准备姿势下运球,此时不可为了运球简单而放弃身体控制,而应该不断强调保持正确姿势下运球,让儿童在不断练习中逐渐学会控制身体。在原地运球技术掌握熟练后,最后进入行进间运球学习阶段。在该

第十章 儿童体育运动及方法指导

阶段除继续巩固原地运球技术动作外,还需注意跑动速度、运球落点与身体位移的相互结合,通常情况下,运球落点随跑动速度加快而逐渐增大至距离身体一臂或半臂的距离,切忌为了一味提高动作和位移速度而降低动作的稳定性。

如果儿童在行进间运球学习和练习过程中不能较好地控制身体左右两侧上下肢体协同发力,那么此时我们应该将教学内容的重点转移到提升该儿童的平衡能力上,通过提高他们的静态和动态平衡能力和下肢肌肉力量,不断提升并完善行进间运球动作的身体能力短板,从而为建立正确的动作概念和动力定型奠定扎实的基础。

(二)行进间运球动作的评测标准与作用

表 10-7 所示为行进间运球动作的评测标准与作用。

表 10-7　行进间运球动作的评测标准与作用[①]

动作要素	动作评测标准	标准动作的价值与作用
1	运球时双脚开立,髋部和双膝微屈,降低重心,控制平衡	此预备姿势便于运球移动时的启动、制动与转向
2	抬头目视前方,躯干略微向前倾斜	上体向前稍倾的姿态更有利于身体重心的前移,同时也使得身体处在适宜的体态控制下,为完成向下和向前的控球移动提供了良好条件
3	持球手掌心中空,五指分开,发力向下或向前按拍球时,手指、手腕控制球的方向与速度	手腕微紧,五指分开,掌心中空朝下的按拍方式更有利于控制运球的力量和方向,因此正确的手型是控球的关键
4	运球手能够在体前或体侧行进运球,随球反弹做迎球动作,控制反弹高度与髋部齐平,同时非运球手臂抬起做护球动作	球反弹过高或过低都不利于控球移动,控球反弹高度与髋部等高不仅有利于更好地控球移动,还可以保持位移过程中躯干的直立,以利于观察环视
5	双臂皆具备行进间运球的能力	确保运球移动技术动作的适用性和多样性

(三)行进间运球的常见动作错误与教学指导

表 10-8 所示为行进间运球的常见动作错误与教学指导。

[①] 石峻,谈力群.小学体育教育实践与探索[M].芜湖:安徽师范大学出版社,2015.

表 10-8　行进间运球的常见动作错误与教学指导[1]

常见动作错误	教学指导
运球时双脚平行并拢,上体直立,双膝伸直	双脚前后自然开立,双膝微屈,上体稍前倾,抬头平视身体重心随着球反弹做上下起伏
运球时过度弯腰,上身前倾过大	抬头平视、上身直立、收腹挺腰、双膝弯曲
低头看球,无暇关注周遭变化	在认知阶段,通过原地运球练习体会手按压球的力度和角度,学习用余光观察球的运行轨迹,随后抬头平视,凭借手感完成控球
低位运球时手指、手腕动作僵硬,不够放松	双膝弯曲,重心降低,抬头看前方,上体前倾,充分体会手臂、背部和手腕做向下按压的动作发力顺序,触球时腕部适度紧张,掌心中空,五指张开,用手指和指根以上部位及手掌的外缘有节奏地短促用力拍按球,控制球的反弹高度在双膝以下
高位运球时上臂僵硬,不够放松,迎球动作不充分	上体稍前倾,抬头看前方,以肘关节为轴,用手拍按球的后上方,把球的落点控制在身体侧前方,手指、手腕和肘关节随球触地反弹,做屈肘上提引球的动作,控制球的反弹高度至腰部与胸部之间
运球时身体离球过近或过远	运球时应根据行进的方向与速度控制球的远近落点,使球保持在一臂的控制范围内,以便随时可以利用自己的躯干、臂、腿来护球。拍按球的部位越靠后下方,落点距离身体越远,拍按球的部位越靠前上方,落点距离身体越近
手掌触球部位不正确,导致皮球不能按照预定方位运行	一方面学会五指张开,用手指和指根以上部位及手掌外缘有节奏地拍按球,扩大手掌控球的面积;另一方面手掌接触球的位置又决定了球的运行方向和轨迹,如按压球的中上部即向上垂直反弹,按压球的中后部即向前上方反弹等
运球时非持球手置于体侧	运球时非持球手应屈肘平抬,做护球防守动作
运球时全身僵硬,手脚配合不协调	首先,运球时既要使移动速度和运球速度协调一致,又要保持合理的动作节奏;其次,关键在于按拍球的部位落点的选择和力量大小的运用;最后,运球时手拍按球和脚步动作要保持一定的比例关系和节奏,即脚步移动越快,拍按球及反弹起来的力量越大,反之亦然
运球时步幅过大或过小	运球时应双膝微屈、上体略微前倾、抬头平视,步幅和下肢各关节的弯曲度应随运球速度和高度的变化而不同,手脚协调配合,使球有节奏地向前运行

[1] 石峻,谈力群.小学体育教育实践与探索[M].芜湖:安徽师范大学出版社,2015.

第十章　儿童体育运动及方法指导

（四）基于动作概念解析的行进间运球动作技能变换练习内容与方法

表 10-9 所示为基于动作概念解析的行进间运球动作技能变换练习内容与方法。

表 10-9　基于动作概念解析的行进间运球动作技能变换练习内容与方法[1]

	在以下条件和动作设定情景下，你还能够完成行进间运球吗？		
人体运动方式	姿态控制	动作速率	用力方式
	·轻/重的皮球 ·小号/中号皮球 ·轻拍/重拍	·快速/慢速 ·在快速和慢速之间切换 ·小步幅或大步幅运球	·运球移动每迈出三步后停顿并转向 ·随着鼓点行进间运球 ·在规定区域内随意运球移动
运动空间环境	空间定位	行进方向	运动轨迹
	·原地运球转向 ·面朝墙进行运球移动并后撤步运球 ·朝上斜坡运球	·向前/向后运球 ·对角线运球 ·沿着直线/"Z"字线路	·控球反弹，与膝齐平 ·在身体重心低位/中位 ·近处控球/远处控球
运动交互关系	身体认知/他人互动	物体交互	
	·双手运球 ·左右手交替运球移动 ·同伴近距/远距相向运球移动	·围绕圆圈 ·在圆圈内、外来回行进间运球 ·在两个标志圆盘间来回行进间运球	

第二节　球类运动及方法指导

本节以足球为例介绍儿童球类运动的方法。

---

[1] 石峻，谈力群.小学体育教育实践与探索[M].芜湖：安徽师范大学出版社，2015.

一、踢球技术训练方法

（一）脚内侧踢球

（1）采用直线助跑的助跑方式，注意加大助跑最后一步的步幅。

（2）支撑脚的位置为球侧，距离足球 12～15 厘米的距离。

（3）支撑脚落地的同时做前摆动作，由大腿运动的力量带动小腿；踢球腿稍微向外伸展，膝盖微微弯曲，使两脚之间成垂直的状态。

（4）当膝关节前摆到达足球上方的位置的时候，小腿前摆的速度加快，然后用脚的内侧部位击球，同时向前送髋，身体也随着髋部的移动而向前移动。

以脚内侧踢定位球为例，其具体动作为图 10-1 所示。

图 10-1　脚内侧踢定位球

（二）脚背正面踢球

（1）采用直线助跑方式，加大助跑最后一步的步幅。

（2）支撑脚采用滚动式落地方式，落地的位置为足球的侧面，距离足球 10～12 厘米的位置，脚尖的方向和击球的方向保持一致，腿部微微弯曲。

（3）踢球腿做后摆的动作，小腿向后弯曲，以膝关节为轴大小腿折叠。

（4）以髋关节为轴，踢球腿利用大腿的力量带动小腿，做前摆动作。

（5）当踢球腿的膝关节摆动到足球的正上方时，小腿以膝关节为轴向前伸展，快速做前摆动作，脚背迅速对准足球的后中位置，用力击球，同时身体前倾移动。

以脚背正面踢定位球为例,其具体动作为图10-2所示。

图 10-2　脚背正面踢定位球

(三)脚背内侧踢球

(1)从与出球方向成45°角的位置斜线助跑,助跑最后一步的步幅加大。

(2)支撑脚采用滚动方式落地,落在足球的内侧后方,距离足球大概20～25厘米的位置,脚尖指向和出球的方向保持一致,同时支撑腿以膝关节为轴微微下蹲。

(3)支撑腿落地的同一时间,踢球腿由大腿力量带动小腿做前摆动作。

(4)当踢球腿前摆的位置和支撑腿成平行状态时,踢球腿小腿大力加快摆动的速度,同时脚尖向外转动,脚背绷直,用脚背内侧击球。当击球的位置为球的后下部位的时候,球则被踢至空中成为空中球;当击球的位置为足球的后中部位的时候,球被踢出的位置则比较低,一般为低平球或者滚地球。

以脚背内侧踢定位球为例,其具体动作如图10-3所示。

图 10-3　脚背内侧踢定位球

二、头顶球技术训练方法

（一）原地前额正面头顶球技术

1. 确定顶球时机和部位

（1）队员手中持球，在离墙大概 3 米的地方面对墙站立，双脚一前一后分开。

（2）开始进行练习时，队员将球向头部上方抛起 1.5～2 米的高度，然后双臂向两侧伸开与地面平行，双腿以膝盖为轴向下弯曲，身体呈微微下蹲状。

（3）视线始终集中在足球上，当足球向下落到和前额平行的位置的时候，站在后面的脚用力蹬地，身体收腹同时做前摆动作。用前额正面击球，击球的部位为足球的后中部位。

2. 抛顶球

（1）以两个人为一个小组，两人面对面站立，中间的距离大概为 5～6 米，一人手中持有足球。

（2）进行练习时，一个人向上方抛球，另一人练习顶球。轮流交换，练习内容相同。

3. 连续头顶传球

（1）以两名队员为一组，面对面站立，中间距离为 3～4 米，一人手中持有足球。

（2）持球者将手中的足球向上抛起，一人顶球并将球传给对方，对方同样顶球并将球传回来，多次进行练习。

原地前额正面头顶球技术的具体动作如图 10-4 所示。

图 10-4　原地前额正面头顶球技术具体动作

(二)跳起头顶球

1. 跳起后在最高点前额正面头顶球

(1)三人为一个小组,两人之间的距离为 6～8 米,其中一人手中持球,一人为防守队员。

(2)进行练习的时候,持球者将手中的球向上抛起,防守队员跳跃拦截,一名队员跳起用头顶球。三人交换位置反复进行练习。

(3)该训练中队员的起跳方法包含如下两种。

①双脚原地起跳

准备姿势为双腿稍微弯曲下蹲,将身体的重心下移。之后双脚用力蹬地,借助蹬地产生的力起跳。起跳的同时两臂从肘关节处弯曲,做上摆动作。身体上升的同时双臂朝前自然伸开,展腹挺胸,身体后仰呈背弓状,视线集中在来球上。当来球到达前额时,迅速收腹并做前摆动作,用前额击球,击球位置为球的中后部位,双腿做前摆动作。击球成功后,腿部从膝盖和脚踝处弯曲,跳跃两次,缓冲落地。

②跑动中单脚起跳

对来球的路线、速度等因素进行分析判断,并确定合理的顶球位置。通过跑动的方式到达顶球的位置,助跑的最后一步步幅加大,一只脚蹬地起跳,另一只脚屈膝做向上摆动。其余步骤同双脚原地起跳。

原地前额正面头顶球的具体动作如图 10-5 所示(双脚原地起跳)。

图 10-5　原地前额正面头顶球技术具体动作（双脚原地起跳）

2. 前额侧面头顶球

（1）击球的部位为前额侧面，因此抛球队员在抛球的时候注意使球在空中形成一定弧线，与接球队员保持一定的角度。

（2）位于来球方向一侧的腿蹬地起跳，支撑腿的前脚掌向着来球的方向旋转并带动身体向同方向旋转，颈部发力向出球方向转头，用前额侧面击球，击球的位置为足球的后中部位。

（3）其余动作同原地前额正面头顶球。

前额侧面头顶球技术的具体动作如图 10-6 所示。

图 10-6　前额侧面头顶球技术具体动作（双脚原地起跳）

（三）鱼跃头顶球

（1）四个人为一个小组，一人负责抛球，另外三人练习顶球。轮换位置，反复练习。

（2）顶球队员将视线集中在来球上，对来球的路线和落点进行分析判断，确定顶球的理想位置，跑动到理想位置。

（3）单脚蹬地起跳，同时双臂向前摆动，身体跃起，利用身体的水平冲力将球击出。

（4）击球后，两臂屈肘伸手撑地，随后胸、腹和大腿依次缓冲着地。

跃起头顶球技术的具体动作如图 10-7 所示。

图 10-7　跃起头顶球技术的具体动作

三、运球过人技术训练方法

（一）运球跑动接脚内侧扣球转身

（1）六名队员为一个小组，每人持一球，六人围成一个圆圈站立，两人之间的间隔为 5～6 米。

（2）练习时，六名队员同时向圆心直线运球，当接近圆心时以右或左脚前脚掌为轴转体 180°，膝关节微屈支撑身体，同时用左或右脚脚内侧部位扣击球的后中部，转身运球回到练习起点。

（二）脚背外侧拨球过人

（1）六名队员为一个小组，其中四人为持球队员，成直线站立，另外两名队员为防守队员，与持球队员成斜线站立。

（2）练习时，第一名持球队员向前运球，防守队员从左侧方逼近持球队员，并从持球队员脚下抢球。

（3）在防守队员逼近时，持球队员用右脚从球的右外侧向左外侧斜前方绕过虚晃，并用右脚脚背外侧向右侧拨球过人。

（4）持球队员继续向前运球，第二个防守队员从其右侧向其逼近，并试图从其脚下抢球,持球队员以同样的方式拨球过人。

(5)各队员轮流交换位置和角色进行反复练习。

(三)假踢外拨运球过人

(1)三名队员为一组,其中一人为防守队员,另外两人为持球队员。小组之间成三角形站立,防守队员和持球队员相对站立。

(2)持球队员直线运球前进,防守队员逼近持球队员并试图抢球。持球队员向两侧做假踢动作,趁防守队员跟着假踢动作移动时,持球队员快速从防守队员移动的相反方向拨球过人。

(3)持球队员完成拨球过人动作之后快速运球到其他队伍后面准备下一次练习。队伍之间、各个小组队员之间轮流交换位置,重复练习。

(四)横拉外拨运球过人

(1)六名队员为一组,四名为进攻队员,两名为防守队员。进攻队员中,两人持球站在队伍前面。

(2)进行练习时,第一名进攻队员运球向前,当被防守队员逼近时,踢球脚将球向支撑脚的方向拉近,同时脚随着足球的滚动而移动,当脚到达足球的内侧下方时,进攻队员立刻快速向外侧拨球并继续开始跑动。

(3)第一名进攻队员完成过人练习之后转换到防守队员的位置,并开始进行防守抢球;被替换的防守队员到进攻队伍排队等待练习;第二名进攻队员开始进行过人练习。依次交换位置和角色,进行重复练习。

四、抢截球技术训练方法

(一)正面跨步堵抢

(1)抢球队员两腿前后分开站立,微微下蹲,降低身体重心。

(2)抢球队员不断逼近运球队员,当两者之间的距离仅为一大步的时候,抢球队员瞄准足球落地的时机,位于后面的脚用力蹬地,同时另一只脚迅速向前跨步,并用脚内侧截球。前面的脚做完堵截动作之后,后面的脚迅速向前迈进。

(3)当抢球队员和两位运球队员同时堵住球的时候,抢球队员要迅速将后面的脚移动到前面做支撑脚,同时用堵球脚护球并快速将球提拉,使球从运球队员的脚面迅速滑过。

正面跨步堵抢技术的具体动作如图10-8所示。

图 10-8　正面跨步堵抢技术的具体动作

（二）合理冲撞抢球

（1）抢球队员逼近运球队员,与运球队员并肩跑动追球。

（2）抢球队员刻意将身体重心降低,靠近对手一侧的手臂紧贴身体,抓住对方同侧脚离地的时机,用肘关节以上部位适当冲撞对手同样部位,使对手身体失去平衡,趁机将球控制住。

合理冲撞抢球技术的具体动作如图10-9所示。

图 10-9　合理冲撞抢球技术的具体动作

（三）正面铲球

（1）抢球队员逼近控球队员,从膝关节处微微下蹲,使自己的身体重心降低。

（2）抢球队员把握控球队员脚接触到球但是还没有落地的时机,双脚贴着地面做滑铲动作将球击出,然后双手扶着地面向一侧做翻滚动作,之后迅速从地面起身。

(四)同侧脚铲球

(1)分析双方距离足球的距离,如果发现对方无法立即接触到足球,则把握时机,使用自己远离足球一侧的脚用力蹬地,借助蹬地的力量使身体跃出。

(2)接近足球一侧的脚贴着地面向前滑出,并同时向足球摆踢,用脚背外侧或者脚尖击球,将足球击出,使其远离控球队员。

(3)然后身体向接近对手的方向做翻转动作,双手撑地,快速起身继续接下来的抢截动作。

(五)异侧脚铲球

(1)当发现自己和对手都与足球有一定的距离并且无法用正常的姿势立即接触到足球时,在分析自己和足球的距离的基础上,用接近足球一侧的脚用力蹬地,借助蹬地产生的力使身体向前跃出。

(2)远离足球一侧的脚沿着地面向前做滑铲动作,用脚底部位击球,使其远离对手。

(3)身体一侧着地,顺序依次为小腿、大腿、手,然后用手撑地起身;或者身体向远离足球的一侧做翻滚动作,然后双手撑地快速起身为接下来的抢截动作做准备。

异侧脚铲球技术的具体动作如图 10-10 所示。

图 10-10　异侧脚铲球技术的具体动作

第三节　田径运动及方法指导

田径类运动是走、跑、跳、投掷等运动项目,以及由以上部分项目组成的全能运动项目的总称,其特点是以个人为主独立完成速度、高度或远度等的较量。本标准中的田径类运动项目可分为跑(如短跑、中长跑、跨栏跑、接力跑等)、跳(如跳高、跳远等)、投掷(如推铅球、掷实心球、掷垒球等)三类。

田径类运动除了与其他类运动具有共同的育人价值和能力要求外,在发展学生的心肺耐力、肌肉力量、肌肉耐力、位移速度,提高学生的反应能力、注意力,培养学生勇于进取、坚韧不拔、挑战自我的体育精神等方面具有独特的育人价值。田径类运动中的短跑项目主要发展学生的快速移动能力,提高学生的无氧代谢水平;中长跑项目主要发展学生的耐久力,增强学生的心肺功能;跳跃项目主要发展学生的弹跳力、身体控制能力和灵敏性,增加学生跳跃的远度和高度;投掷项目主要发展学生的肌肉力量和爆发力,增加学生投掷的远度。

实心球是一项以力量为基础,以动作速度为核心的投掷项目。投掷者用单手或双手,采用推掷、抛掷、投掷等方式,将一定重量的实心球向前、向上或向后掷出。由于实心球属于力量、速度性项目,在投掷时不仅需要正确、合理的动作方法,而且需要全身肌肉协调和爆发性地用力,才能取得一定的投掷效果。因此,投掷实心球可以发展全身(尤其是上肢)肌肉力量和爆发力,改善中枢神经系统的调节机能,有效提高投掷能力,并能培养学生坚毅、顽强的意志品质。

一、单手肩上向前推实心球

(一)持球和预备姿势(以右手持球为例)

右手持球后下方于肩上,左臂自然向前上举或扶于球前防止球滑落。身体侧对投掷方向,向右倾斜并转体;两脚左右(或前后)开立比肩稍宽,两膝稍屈,躯干伸直,体重移至弯曲的右腿上。

(二)推球方法

两腿膝、踝关节快速用力蹬伸,向投掷方向蹬转送髋,上体转向投掷方向,抬头挺胸,右臂同时快速用力向前上方伸直,将实心球向前上方推出。球将出手时,出手角度为36°左右,并做屈腕和手指拨球动作。这个练习可两人一组,一人推球,一人接球,然后交换练习;或练习者对网或墙投掷。

二、单手肩上向前掷实心球

(一)持球和预备姿势(以右手持球为例)

右手持球后下方于肩上稍后,左臂向前上伸。身体侧对投掷方向,两脚左右开立(或前后开立)比肩稍宽,两膝稍屈。

(二)掷球方法

原地或者助跑 3~6 步后,两腿快速用力蹬伸并迅速挺胸转体,右臂同时持球经肩上方快速用力向前挥直,"鞭打"、收腹,将实心球向前上方掷出。注意做好躯干和投掷臂的鞭打动作,球将出手时,做屈腕和手指拨球动作。这个练习可两人一组,一人掷球,一人接球,然后交换练习;或练习者对网或墙投掷。

三、单手侧向掷实心球

(一)持球和预备姿势(以右手持球为例)

右臂伸直并托球后下方于体侧,左臂微屈于体前,目视投掷方向。身体侧对投掷方向,两脚左右开立比肩稍宽,躯干向右倾斜,体重落在弯曲的右腿上,左腿自然伸直,且左脚用前脚掌内侧着地。

(二)掷球方法

右腿快速用力蹬伸,转髋、挺胸、身体重心前移,做好左侧支撑(左肩、左髋、左脚在同一条垂线上)。与此同时,上体转向投掷方向,右臂翻转到右肩后上方,紧接着右臂持球经肩上方快速向前挥直,将实心球向前上方掷出。这个练习可两人一组，一人掷球，一人接球，然后交换练习；或练习者对网或墙投掷。

四、双手体前向上抛实心球

（一）持球和预备姿势

两臂伸直，两手托球下方于体前。两脚左右开立比肩稍宽，两膝稍屈，躯干稍前倾。

（二）抛球方法

两腿髋、膝、踝这三关节用力蹬伸，背肌收缩；同时快速用力向上挥臂，将实心球向上方抛起。球将离手时应做屈腕和手指拨球动作，以提高球的出手速度。球下落时，可用手或前臂去接球。

五、双手胸前向上推实心球

（一）持球和预备姿势

两臂弯曲，两手托球下方于胸前。两脚左右开立比肩稍宽，两膝稍屈，躯干伸直。

（二）推球方法

两腿膝、踝关节快速用力蹬伸，与此同时，快速用力向上伸直两臂，将实心球向上方推起。球将离手时，应做屈腕和手指拨球动作。球下落时，可用手或前臂去接球。

六、双手体前胯下向前抛实心球

（一）持球和预备姿势

两臂伸直，两手托球后下方于体前或胯下，目视投掷方向。两脚左右开立比肩稍宽，两膝弯曲，躯干前屈。

（二）抛球方法

两腿膝、踝关节快速用力伸直蹬地，背肌收缩；同时快速用力向前上方挥臂,将实心球向前上方抛出。球将离手时,应做屈腕和手指拨球动作。这个练习可两人一组,一人抛球,一人接球,然后交换练习;或练习者对网或墙投掷。

七、双手胸前向前推实心球

(一)持球和预备姿势

两臂弯曲,肘关节外展,两手托球后下方于胸前。面对投掷方向,两脚左右开立(或前后开立)比肩稍宽,两膝稍屈,躯干伸直。

(二)推球方法

推球时双腿先弯曲,上体适度后倾,两腿膝、踝关节快速用力伸直蹬地;同时挺胸,快速用力向前上方伸臂,将实心球向前上方推出。球将离手时,应做屈腕和手指拨球动作。这个练习可两人一组,一人抛球,一人接球,然后交换练习;或练习者对网或墙投掷。

八、双手头后向前掷实心球

(一)持球和预备姿势

两臂屈肘,肘关节外展,两手持球后下方于头后。面对投掷方向,两脚左右开立(或前、后开立)比肩稍宽,两膝稍屈,躯干稍向后屈。

(二)掷球方法

原地或者助跑3~6步后,两腿膝、踝关节快速用力蹬伸,体前肌肉收缩,与此同时,快速用力向前挥直两臂,将实心球向前上方掷出。球将离手时,应做屈腕和手指拨球动作。这个练习可两人一组,一人掷球,一人接球,然后交换练习;或练习者对网或墙投掷。

九、双手体前胯下向后抛实心球

(一)持球和预备姿势

两臂伸直,两手托球后下方于体前胯下。背对投掷方向,两脚左右开立比肩稍宽,两膝稍屈,躯干前屈。

第十章 儿童体育运动及方法指导

（二）抛球方法

两腿髋、膝、踝三关节快速用力蹬伸,背肌收缩,与此同时,快速用力向后上方挥臂,将实心球向后上方抛出。球将离手时,应做屈腕和手指拨球动作。这个练习可两人一组,一人抛球,一人接球,然后交换练习;或练习者对网或墙投掷。

十、双手体前经体侧向后抛实心球

（一）持球和预备姿势

两臂微屈,两手持球后下方于体前左（右）下方。背对投掷方向,两脚左右开立比肩稍宽,两膝稍屈,躯干前倾。

（二）抛球方法

两腿髋、膝关节快速用力蹬伸,体右（左）侧肌收缩,以左（右）腿为轴,旋转一周约360°,与此同时,快速用力向右（左）后方挥臂,将实心球由体前左（右）下方经体右（左）侧从体前抛出（如同掷链球方法抛出）。球将离手时,应做屈腕和手指拨球动作。这个练习可两人一组,一人抛球,一人接球,然后交换练习;或练习者对网或墙投掷。

另外,为了均衡发展身体,应两边轮流做,即向左后方抛一次,再向右后方抛一次。

十一、双手跪姿投实心球

（一）持球和预备姿势

练习者两膝跪立,面对投掷方向,双手握住实心球,置于头后上方,肘关节弯曲,上体适度后仰。

（二）投球方法

体前肌肉收缩,然后躯干带动双臂快速用力向前挥直,向前上方将球投出,出手角度约为36°。这个练习可两人一组,一人投球,一人接球,然后交换练习;或练习者对网或墙投掷。

十二、双手头后经胯下向后抛实心球

（一）持球和预备姿势

两臂屈肘,两手持球后下方于头后。背对投掷方向,两脚左右开立（或前后开立）比肩稍宽,两膝稍屈,躯干稍向后屈。

（二）抛球方法

两腿膝、踝关节快速用力蹬伸;屈体,收腹,用力快速将球从两腿中间向后抛出。目的是练习上肢的鞭打动作。这个练习可两人一组,一人抛球,一人接球,然后交换练习;或练习者对网或墙投掷。

第四节 体操运动及方法指导

小学体育教材中低单杠动作包括悬垂、摆动、屈伸、回环、转体、腾跃、空翻等。单杠项目是体操教材中难度较大、技术动作较复杂,学生容易产生学习心理障碍的运动项目,但是它却有着极高的身体锻炼价值,对培养学生良好的身体姿态、身体空间方位感、控制能力、协调性、灵活性具有重要作用。

一、低单杠动作方法

（一）仰式引体向上

使用不低于大腿高度的单杠,正握单杠,两手分开与肩同宽。仰面朝天,两腿并拢,以脚跟触地。手臂与地面垂直,两臂微屈。以背阔肌和肱二头肌的收缩力量屈肘引体向上,直至横杠接近触胸稍停,两臂伸直缓慢下落还原。

第十章 儿童体育运动及方法指导

(二)仰式反握引体向上(斜体支撑反握引体向上)

站在一根与腰同高的单杠后方,两手掌心向后握住单杠,间距略比肩宽,两臂平行,屈肘,肘关节向下。双脚并拢,逐渐向前移动,使身体重心下降,直至整个身体从肩关节、腰部、膝关节到踝关节呈一直线,并与地面约成45°角,胸部处于单杠下方。拉引身体向上移动,让胸部贴近单杠,肩胛骨内收靠拢。稍停,然后慢慢地、有控制地使身体下降至起始位置。

整个动作过程中,腹部、腰部、腿部的肌肉始终保持紧张,以使身体保持成一条直线,更好地收缩肱二头肌及背部肌肉。

(三)下斜转竖体上拉

使用与髋同高的单杠。仰面钻到横杠下,双手同肩宽,正握横杠,使身体悬垂。上身与腿成一条直线,保持躯干收紧。背阔肌和肱二头肌收缩,把身体拉向横杠,同时身体右转,让左肩尽量接近横杠。在顶点稍作停留,然后还原。

保持身体挺直,颈椎与脊椎成一直线,上拉的同时转体。如果臂部下沉,应该结束该组练习,休息。

(四)上斜单杠臂屈伸(注意这个动作与上斜单杠俯卧撑的区别)

使用与腰部同高的单杠,面对单杠,双手正握横杠,间距同肩宽。脚向后移动,使双腿伸直,双臂也伸直斜撑在横杠上。也就是说,起始姿势与上斜单杠俯卧撑相似,只是身体与手臂所成角度很大。低头,下巴靠近胸前。屈肘下降身体,至头与横杠齐平,同时保持身体完全挺直。然后肱三头肌收缩,用力把身体推起至起始位置。

屈肘越充分,效果越好。横杠越低,难度越大。

(五)臂屈伸

站在一根与腰同高的单杠后方,两手掌心向下握住横杠,间距略比肩宽。跳起,两手臂伸直支撑在横杠上,肘关节不要锁死,肩关节和肘关节固定,肩稍前引,以保持平衡。收腹,紧腰,身体大致成一条直线,髋关节可略有弯曲,两脚并拢。屈肘,使身体缓慢下降,直至上臂与地面平行,肘关节弯曲90°。稍停,然后用胸肌和肱三头肌的收缩力,推动上体上移至起始位置。

二、保护手法

教学中通常采用的帮助手法有：托、顶、送、挡、拨、搓、扶等。根据练习者的技术水平和所做的动作类型，可采用单独的或综合的手法进行帮助。例如低单杠的后倒弧形下，既需要拨托，又需要顶送。单杠教学中无论采取哪一种操作手法，都应做到以下要求。

（1）助力时出手方向要正确。单杠动作以摆动、回环动作为主，特别是回环动作，帮助者在出手前一定要明确回环的方向，否则由于出手方向发生错误，保护者的手臂容易被学生压在杠子上，因此保护时应予以注意。以骑撑前回环为例，帮助者必须一手从杠下翻握练习者的手臂或手腕进行加速回环，倘若从杠上出手就容易发生意外。

（2）助力时出手部位要准确。正确的部位是发挥助力最大效应的地方，助力的作用点一般在人体总重心附近的部位或运动轴两侧身体部分的重心附近位置上。例如对支撑后回环进行保护与帮助时需要帮助者一手托腰（人体总重心附近的部位），另一手拨大腿或肩（运动轴两侧身体部分的重心）来帮助回环。

（3）助力时出手时机要恰当。助力的时机要符合动作的结构要求，过早或过晚的助力都会影响动作的成败，甚至造成人为的伤害。如对悬垂后摆动作进行保护与帮助时，一定要等到身体的重心摆过垂直部位后才能拨送，若提前助力就容易使练习者脱杠落地。

（4）助力的大小要适当。一般情况下，对初学者或技术水平较差、能力较弱者，所给助力相对要大，反之则小。若不论对象，不管具体情况，均给予同样大的助力，或以为助力越大越好，都会影响动作技术的掌握。

（5）助力的重点要明确。保护的重点是身体的要害部位和最容易受伤的部位。首要的是头颅部，其次是上肢，要避免头部直接着地和直臂手撑地。此外，腰、膝、腿部的保护也不可忽视。

第五节　游泳运动及方法指导

蛙泳是四种主要泳姿中普及度最高的泳姿,深受人们的喜爱。尽管蛙泳相对而言呼吸和身体的姿势、手臂和腿部的配合相对简单,但是如果从技术角度看,蛙泳又可以细分出各种不同的特色技术形式,归纳起来,可以大致分为平式蛙泳和波浪式蛙泳两种。平式蛙泳是一种比较经典的蛙泳技术,特点是运动员在游进的过程中始终保持身体位置趋于平坦,身体起伏很小,抓住收腿时身体的前移而自然地向前上方移动的时机进行吸气,因此头部探出水面的高度很低,几乎没有抬头吸气的动作,前进的阻力很小。波浪式蛙泳的特点是换气时上半身的位置相对升高较大,几乎肩部完全露出水面,使整个身体的起伏波动增大,因此被称为波浪式蛙泳。该技术的动作特点是上拉配合外划上收夹手动作,用力上伸头部,此时臀部和下肢的位置比平时蛙泳要明显降低,也就是说身体的上半身上拉,下半身倾斜的角度更大,使用这一技术主要是借助腰背的力量大力推进身体,以增加前进速度。波浪式蛙泳技术还可以根据细微的差别再细分出许多种技术门类,可以说波浪式蛙泳是一种个性化十足的现代蛙泳技术。但是整体而言,波浪式蛙泳是靠腰背部的核心发力以及身体较大的冲量向前,再配合强有力的下肢蹬腿动作从而使前进速度大大提升。它需要运动员具有一定的爆发力和耐力,既能保证足够的前冲力度,又能保证动作的连贯性和稳定性,同时配合呼吸、划水和流线型的滑行,使身体以较大的加速度前进。

一、蛙泳的出发、转身与到岸练习

(一)蛙泳的出发练习

蛙泳的出发与自由泳和蝶泳出发技术相类似,都是从出发台出发。蛙泳的出发入水深度约为 90 厘米,是 4 种泳姿中入水最深的泳姿。入水后借助出发的惯性身体可成流线型快速向前滑行,当滑行速度开始下降时,运动员开始划水、收腿、吸气、起游(图 10-11)。

图 10-11 蛙泳的出发练习

1. 蛙泳出发动作要领

两脚与髋宽平行站立于出发台上,脚趾勾住出发台的前沿,屈体、低头、微屈膝,双手抓住出发台,重心落在两脚掌上,等待出发。

枪响后,两臂向上、向前提拉身体,同时屈膝抬头、展体、用力蹬离出发台,双臂前伸引领身体在空中充分伸展,然后低头并使双臂夹紧头部,两腿并拢伸直呈流线型姿势入水。

入水滑行待速度开始减慢后迅速做长划臂动作。长划臂动作主要是指双臂直臂向两侧划水,然后屈肘向内后方拉水,划至肩下时向后外方推水至大腿两侧。之后双手贴近身体向前伸,收腿,在蹬腿时身体顺势上升至水面吸气,之后开始蛙泳动作。

2. 蛙泳出发的练习方法

(1)陆上练习。两脚左右开立,与肩同宽,听到"各就位"口令后模仿出发预备姿势,听到"跳"的口令时,两只手臂前伸带动身体向上跳起,在空中体会身体充分伸展的感觉。

(2)站立于池边。两臂上举并夹紧头部,上体前倾的同时屈膝,然后双脚用力蹬地入水。

(3)在出发台上做完整出发练习。注意动作要规范,且水深必须高于 1.5 米的游泳池中练习。

3. 蛙泳出发动作的常见问题

在初次练习蛙泳的出发动作时,经常会遇到以下几个问题,找到这些问题的原因就可以快速地提高蛙泳出发技术。

(1)入水时胸腹被水拍得很痛。入水时如果胸部被水拍得很疼一般有两种原因导致:要么是入水时抬头挺胸使身体与水面的角度过小;要么是起跳角度太大也会使胸腹部贴近水面的面积增加而被水拍打引发疼痛。因此,起跳时要注意先倒后蹬,且入水时一定要低头,身体适度紧张。

(2)入水时身体弯曲。入水时身体以流线型姿势可有效减小阻力,从而可以在水中滑行较长的距离。如果入水时臂腿没有伸直并拢,就会增大阻力。

(3)入水太深。如果入水角太大就会导致入水太深。因要注意先倒后蹬,所以要经过多次练习才能体会动作的技巧,因此,刚开始练习出发时要从陆上开始,体会每个动作的用意。

(二)蛙泳的转身

练习转身动作是指触壁之后,运动员随机收腿并且双脚靠近池壁,身体直体后倒。如果转身动作不到位会在侧向摆动上浪费时间。例如,头和躯干从池壁转动,同时髋部和双腿从另一个方向靠近池壁。这样无形中增加了身体移动的距离,而且过程中的阻力也增大很多。因此,转身时应该在收腿触壁的时候将头和躯干摆回至原本腿所在的位置,那么转身就会更快更有效率。

1. 蛙泳转身的动作要领

以向右转身为例。双手触壁后借惯性向前屈肘和屈膝收腿,接着右手离开池壁在水下向回转方向移动,然后向后转头,注意此时应沿纵轴转体。随后左手推池壁加速转动,此时张口吸气,吸气后左手臂与头同时入水,双臂向前伸展,身体呈侧卧姿势,双脚用力蹬池壁。然后身体逐渐转成俯卧并呈流线型向前滑行。当滑行速度减慢时立刻做一次长划臂动作和一次蹬腿动作,和出发动作一致,出水吸气并开始下一个周期的蛙泳动作。

2. 蛙泳转身的练习方法

(1)陆上练习。面对墙站立,两手扶墙,做蛙泳转身动作的模仿练习。

(2)在陆上从离墙1米的地方走向墙,然后两手扶墙,做(1)的练习。

(3)水中练习。当双手触及池沿时,用力拉身体至池壁,然后做转身动作。

(4)游近池壁做完整的蛙泳转身动作。

3. 蛙泳转身动作的常见问题

(1)到边。转身时身体下沉而无法转身这主要是由于游速太慢,无法借助惯性进行团身和转身。因此在练习时注意快要靠近池边时应该加力提速。

(2)转身动作太慢或转不过来。转身动作慢而常常转不过来有以下几个原因造成:游速太慢、推手太早。

(3)团身不够。对应的纠正方法分别为:提高游速,尤其在即将到岸时;手摸边后不要着急推手,而是先屈肘、收腿,等到身体纵轴几乎与水面垂直时再推手;用力收腿、团身。

(4)转身后不能向正前方蹬出。这是因为在没有完成转身动作之前就急于蹬壁造成的。因此转身动作要快,等两脚都蹬在池壁上时再用力向前蹬出。

(三)蛙泳的到岸练习

到岸是决胜的最后关键技术。损失一毫秒可能就意味着与奖牌失之交臂,因此,到岸练习非常重要。在练习中应该注意的几个关键环节如下。

(1)蛙泳的比赛要求双手击壁,因此在触壁前应该保持俯卧的姿势。

(2)最后一次手臂动作的前伸应该加速,这样就会为击壁争取时间。

(3)到岸前的最后一个手臂动作不吸气,可以节省一次抬头的时间。而且如果脸部保持在水中,可以使手臂多向前伸展一些。

(4)最后一次蹬腿加强发力,可以加速到岸。

（5）如果剩下较短的距离时,应该用力向前伸展而不是划臂。因为即使是小划臂也比滑行花费更长的时间。

（6）如果离壁较远就果断增加一次手臂动作。

二、蛙泳腿练习

（一）勾脚、绷脚和翻脚练习

练习勾脚、绷脚和翻脚（图 10-12）的目的是增加踝关节的灵活性,以及体会蛙泳蹬腿时脚外翻的感觉。练习方法如下。

1. 陆上练习

坐在地上,双腿伸直,双脚做勾脚和绷脚的切换练习。注意勾脚时脚尖朝上,绷脚是时脚尖向前。然后在勾脚的同时做向外翻脚的练习。

2. 水中练习

身体俯卧于水面,双手抓住池边,双脚练习勾脚、绷脚和翻脚的动作（图 10-12）。

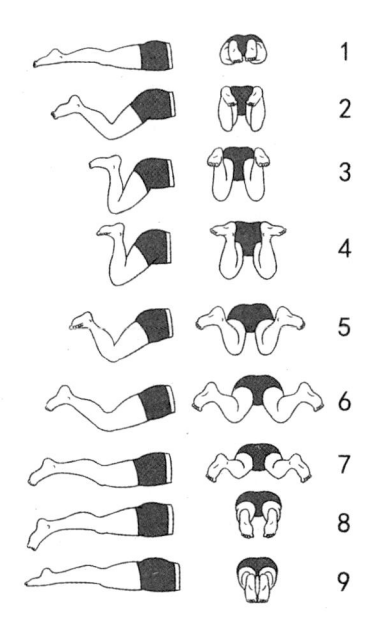

图 10-12　勾脚、绷脚和翻脚练习

（二）反蛙泳蹬腿

反蛙泳蹬腿练习是指人体仰卧于水面上，上体保持稳定，身体呈流线型，两手臂于身体两侧保持放松。每次蹬夹水结束时身体呈漂浮状态，两膝不能露出水面。这个练习可以防止大腿收腿过大或错误蹬水。

（三）抬头背手

蛙泳蹬水在控制好身体姿势的条件下练习稳定的蛙泳蹬水技术。从俯卧蹬边漂浮于水面上开始，头露出水面双手背手于后背。两腿作蛙泳蹬夹水动作，每次收腿结束蹬水之前，用脚碰手。由于头露出水面，腿会略微下沉，因此一次只练习一个动作，然后双腿并拢伸直稳定身体后再做下一次动作。练习这个动作有助于防止小腿或脚收腿不紧凑。

（四）扶板蛙泳腿

（1）俯卧水中。双臂前伸扶板，注意不要向下压板，可以抬头也可以屏住呼吸低头。如果抬头则注意不宜抬得过高；如果低头闭气打水则身体相对稳定。无论哪种方式，都要保证蛙泳腿的收、翻、蹬、夹、停动作要准确到位。

（2）同方法（1），并在此基础上结合呼吸进行练习。开始收腿时抬头吸气，收腿结束蹬夹腿时低头缓慢呼气。注意抬头时不要抬太高，保证嘴露出水面或者下颌贴着水面即可。

（3）同方法（2），并在此基础上记录游25米的蹬腿次数，当每次蹬腿动作能够准确完整地完成后，练习逐渐减少蹬腿次数，找到自己的25米最少蹬腿次数，提高蹬腿效果。

（五）直立蛙泳腿踩水

这个练习需要在深水中进行。可以抱一块浮板练习保持身体稳定。身体直立头露出水面，手臂自然前伸于胸前，两腿反复做向下的蛙式踩水动作。这个练习可以提高腿部力量，提高耐力。

（六）单腿轮流蛙泳蹬水

双手扶板俯卧于水面，练习单腿蛙泳腿。用一条腿缓慢地做收腿、翻脚、蹬夹动作，用心体会每一步的动作要领，另一腿自然伸直。熟练后换另腿练习,两腿都熟练后加快动作。练习单腿蛙泳蹬水的主要目的是强化动作节奏,同时增强躯干和腿部的控制能力。

（七）徒手蛙泳蹬水

这个练习是在蛙泳腿熟练后加进呼吸技术。开始时双手拇指相扣,手臂前伸,头于两臂之间没入水中,保持头与水面大约成45°角。注意脸在水下时一定要缓慢地吐出气泡。抬头、吸气并开始收腿,完成夹水蹬腿时脸没入水中缓慢吐气。

三、手臂练习

（一）伸臂

当手臂划水至肩下时开始前伸动作。这时手臂向下向内夹水至肩下,并开始向前上方伸臂,直至双臂伸直、两手并拢。伸臂完成后,立即外划,这样可以帮助手臂克服向前的惯性,使外划动作更加轻松流畅。整个练习过程中应保持身体呈流线型,肩部放松。

（二）陆上手臂动作练习

1. 练习要领

陆上划手加呼吸练习可以帮助熟悉蛙泳划水各阶段的路线、方向和速度,体会划手和呼吸的配合。

2. 陆上蛙泳手臂练习方法

（1）在陆上两脚开立,身体前倾两臂前伸并拢,做蛙泳手的模仿练习。先后完成外划、内划、前伸分解练习,然后做一套完整的动作练习。

（2）方法同（1）,熟练以上练习后,在外划开始时快速呼气,当内划开始时快速吸气,伸臂时开始缓慢呼气。

（三）水中手臂动作练习

1. 浅水站立静止划手练习

练习时站在齐腰深的水中,上体前倾做蛙泳手臂练习,结合呼吸,眼睛看着划手的路线。加强呼吸与手臂划水的配合。

2. 浅水行进间划手和呼吸练习

站在齐腰深的水中,开始做蛙泳划臂和呼吸配合练习,边做动作,双脚边缓慢前进。

3. 夹板划臂练习

将打水板横向夹紧于大腿内侧,吸气后平躺水面,进行蛙泳手臂和呼吸的练习动作,双腿不动,夹紧并拢。这个练习可以培养身体的平衡感,加强蛙泳手臂的划水路线记忆。

4. 常见问题

(1)划水的手掌和前臂摸水。这显然是沉肘划水的结果,也就是说手掌未对准划水方向,将明显地降低划水效果。正确的方法是谨记应该高肘划水,手掌和前臂以较大的投影面积对准划水方向。

(2)划水时手向后划水超过肩部。向后划水过肩会对臂腿配合技术造成影响,而且,当向前伸臂时阻力也较大。这主要是由于急于划水前进造成的,是初学者的常见错误,其实初学者不要追求前进速度,而应把注意力放在动作的结构以及划水路线上,此时的划水主要起到配合呼吸的作用。

(四)臂腿配合

1. 臂腿配合分类

蛙泳有三种配合节奏,分别是连续式、滑行式和重叠式。
(1)连续式配合是指双腿并拢后手臂立刻外划。
(2)滑行式是指蹬腿结束和手臂开始动作之间,利用短暂的间隔,运动员以流线型身体姿势滑行。好处是可以获得短暂的休息。
(3)重叠式配合是指在双脚并拢之前就开始手臂外划。

就目前来看,滑行式最适合初学者以及方便在教学中分解动作步骤。而重叠式主要受到世界高水平运动员的青睐。因为即便滑行时身体的流线型保持得非常好,速度还是会因水中的阻力而逐渐降低。并且,运动员在双脚并拢、外划至抓水阶段也一直在减速。有研究数据显示,在蹬腿产生的推进力结束到划水产生推进力之前,这段没有推进力的时间接近0.4秒。要想缩短无推进力的时间,重叠式是最佳选择。也就是说,就是当双脚开始夹水时,手臂同时开始外划。也就是说重叠式至少能将无推进时间减少0.2秒,因此,重叠式整体游进速度则得到大幅提高。但是重叠式的最大争议在于需要耗费更多的体力。

由此可见,选择哪种方式取决于游泳的目的。如果是健身和锻炼,那么选择滑行式显然更明智,因为每一个动作周期都能节省一点体力,可以让你游更长的时间或者距离,使身体的锻炼更加充分。

而对于专业的竞技运动员而言,事实证明重叠式是大多数运动员的选择。因为除了马拉松游泳项目外,争取速度比保存体力更重要些。

2. 蛙泳臂腿配合动作要领

臂外划时腿不动,内划时收腿,手臂向前将伸直时蹬腿,蹬腿结束后手臂和腿伸直并拢,呈流线型姿势滑行。

3. 蛙泳臂腿配合练习

(1)陆上练习。两脚并拢站立,双臂上举保持伸直并拢,单腿站立。听口令作外划、内划、伸手、蹬腿的练习。

(2)陆上练习。两脚左右开立,双臂上举伸直并拢,听口令做外划、内划下蹲(收腿)、向上伸手站起(蹬腿)的练习。

(3)在水中蹬边滑行后,闭气做臂腿分解动作练习。

(4)在水中蹬边滑行后,闭气做臂腿配合的动作练习。

4. 蛙泳臂腿配合的常见问题

蛙泳臂腿配合最常见的问题是臂腿的动作同时进行。对于初学者而言,臂腿动作同时进行是最常见的错误。而蛙泳的臂腿配合是四种泳姿中最难的一个,确实需要一些时间慢慢地熟悉动作要领。不然的话,臂腿同时进行会使划臂产生的推进力被收腿产生的阻力抵消,而蹬腿产生的推进力被伸臂产生的阻力相抵消,因此无法实现前进的目的。练习时谨记手臂动作始终比腿部动作快半拍。可以放慢速度练习,等身体适应后再逐渐加快速度。

（五）呼吸、臂、腿的完整配合

1. 呼吸、臂、腿完整配合的要领

完整的呼吸、手臂、腿部的配合一般采用划臂1次、蹬腿1次、呼吸1次的配合方式。以晚吸气为例，两臂外划时腿不动，开始内划时抬头吸气，同时收腿、闭气。手臂前伸时蹬夹腿，臂腿伸直后作短暂的滑行。

2. 呼吸、臂、腿完整配合的练习

（1）为保持身体的平衡，先做2次蹬腿、1次划臂、1次呼吸的配合练习。开始要做到划臂抬头时能吸到气。当熟练后，要能做到吸气充分。

（2）在（1）的基础上，进一步做1次蹬腿、1次划臂、1次呼吸的完整配合练习。

（3）在（2）的基础上，逐渐增长游泳距离，或者比开始练习时减少蹬腿次数（以50米为基准）。

3. 蛙泳完整配合的常见问题

（1）做完整配合时有时候抬头吸不到气。原因之一可能是呼气不充分，肺里的气没有完全呼出，因此只能做浅表性呼吸。另外就是因为抬头晚，动作仓促而吸气时间不足。这种情况需要加强练习，等克服了紧张情绪后会逐渐好转。

（2）吸气时蹬腿。导致这一问题的原因：初学者急忙蹬腿，是希望通过蹬腿而使身体上升从而更容易吸气。纠正这一错误动作的方法是多做手臂与呼吸配合中的各种练习，以解决呼吸问题。

（3）蹬腿结束时手臂和腿部是流线型。蹬腿结束时，如果手臂和腿还没有伸直并拢则明显增大前进阻力。再加上初学者推进力效率有限，那么造成的结果就是游几下身体开始下沉。产生这一错误动作的原因主要是不能保持身体平衡，在水中控制身体还存在一定困难。唯有多练习、多做蹬边滑行才能逐渐克服。

（4）臂内划时有停顿动作。这通常是由于吸气太晚所致。因此对于初学者而言，应注意早抬头吸气，先保证吸气充分。另一方面是滑行时口鼻在水中充分呼气，当手臂外划时抬头口露出水面前快速充分吐

气,然后张口吸气并尽量缩短吸气时间。

(5)动作频率太快。初学者往往都动作频率较快,这主要是因为害怕身体下沉而有些手忙脚乱的倾向。但是,初学者恰恰应该先慢后快,应该先熟悉动作路线,再提高动作速度。只有通过多练习、逐渐提高水性、克服慌张的心理才能慢慢改善。或者也可以通过硬性规定滑行的时间来克制。例如,完整蹬腿后双臂和双腿迅速伸直并拢,在心中默数3秒后再进入下一个动作周期。

第六节 中华传统体育运动及方法指导

中华传统体育活动是指我国各民族世代相传,以发展身体、增进健康、提高身体机能为目的的人类社会活动。中华传统体育文化则是我国各民族世代相传、具有一定体育内涵与外延的传统文化。我国各族人民在长期的生产和生活实践中积累起来的传统体育文化是中国传统文化的重要组成部分,其形式丰富多彩,内容博大精深,涉及养生、健身、竞技、搏击、休闲、娱乐等方面,是祖国重要的、宝贵的文化遗产。

在"民族自信""文化自信"的大背景下,在西方文化强势入侵的现实环境下,传统文化进入儿童教育阵地具有紧迫性与必要性。加强儿童传统文化教育,对于落实"从娃娃抓起"的国家战略,引导子孙后代全面准确地认识中华民族的历史和文化积淀,将中华民族之魂植入其幼小的心灵,实现中华民族伟大复兴的中国梦,具有深远的历史意义和重大的现实意义。

太极拳,早期曾称为"长拳""棉拳""十三势""软手"。"太极"一词源自《周易·系词》,含有至高、至极、绝对、唯一的意思。太极是武术运动的精髓,蕴含中国传统文化和传统哲学思想

天地之间,世界之上,万物与机缘,无时无刻不在变化。太极拳就是要把种种变化,在拳中演练出来。动静开合,刚柔快慢,上下左右,顺逆缠绕,忽隐忽现,虚虚实实,绵绵不断,周身一家,一动无有不动,显时气势充沛,隐时烟消云散,以意带力,到点融化于全身,做到劲断意不断,

然后再轻轻启动,挥洒自如。一意一念,一举一动,随心所欲,都在自我控制之中,以达到养生防身的效果,这就是太极拳。同时,太极拳运动也是对立统一的矛盾运动,在太极拳中存在着刚柔、虚实、动静、快慢、开合、屈伸等诸对既对立统一,又可相互转化的矛盾。[1]

关于太极拳的起源,众说纷纭,目前据中国武术史学家唐豪先生考证,太极拳为明末清初河南省温县陈家沟陈王廷所创。大约在17世纪90年代,山西人王宗岳写了一篇《太极拳论》:"太极者,无极而生。动静之机,阴阳之母也。动之则分,静之则合。无过不及,随曲就伸。人刚我柔谓之走,我顺人背谓之黏。动急则急应,动缓则缓随,虽变化万端,而理为一贯。由着熟而渐悟懂劲,由懂劲而阶近神明。"[2] 把太极哲理与陈氏太极拳结合起来,从而确立了太极拳的理论基础。

太极拳主要有陈式、杨式、吴式、武式、孙式、武当、赵堡太极拳等流派,不同流派太极拳风格各异。目前,武术界比较统一的观点是将我国太极拳分为五大流派,即陈式太极拳、杨式太极拳、吴式太极拳、武式太极拳、孙式太极拳。

一、太极拳的呼吸方法

太极拳是练意、练气、练身的运动。动作轻松柔和,沉着灵活,要求用深、长、细、匀的腹式呼吸与之自然配合。同时,要求气沉丹田,即"意注丹田",用意识引导呼吸,将气徐徐送到腹部脐下,这样才能达到太极拳要求的"身动、心静、气敛、神舒"的境地。《太极拳论》说:"能呼吸然后能灵活。"故应循序渐进,分阶段进行练习。

(一)自然呼吸阶段

"自然呼吸"即人的本能呼吸方式。初学者应采取此种呼吸方法。练习时,按自己平时的习惯,自然呼吸,不必受动作约束。这一阶段的技术特点是"重形不重意""练形不练气"。本阶段应注重把握好动作规格,把动作学准确,打好外形基础,这是学好拳的关键。

---

[1] 朱小烽.儿童青少年体适能评定与健康促进[M].成都:西南交通大学出版社,2020.
[2] 同上。

（二）意识介入呼吸阶段

意识介入呼吸阶段是指在自然呼吸习拳的基础上,意识适当介入呼吸与动作配合。本阶段拳架应比较熟练,动作连贯圆活,和谐流畅不"断劲"。这一阶段的技术特点是"以意导体""以体导气"。这时,意识能够主导整体动作的部分要素,大脑皮层可以兼顾呼吸运动,在意识的引导下,对一些简单和开合、起落明显的动作以呼吸配合。即做到"开吸合呼""起吸落呼"的要求。但这一阶段仍不要太注重呼吸配合动作,切记"全身意在精神,不在气,在气则滞"。

（三）拳势呼吸阶段

"拳势呼吸"是指呼吸与动作(肢体的展收、劲力的蓄发、攻防意识的表现等)紧密配合的呼吸运动,是习拳达到一定程度自然形成的一种呼吸方法。这一阶段的技术特点是"以意御气""以气运身"。在意识支配导引下,形成呼吸配合动作,动作导引呼吸的有机结合。但拳势呼吸不是绝对的,要从实际出发,量力而行。只要求在一些主要动作和胸肩开合明显的动作上做到"拳势呼吸",在一般过渡动作和复杂动作仍以自然呼吸为主。总之,练太极拳要因人制宜,保持呼吸的自然,不要生硬勉强,违背呼吸的自然规律,以免有伤身体。

二、太极拳基本技术

（一）太极拳的手形与手法

1. 手形

（1）拳。五指卷曲自然握拢,拇指按压于食指、中指第二关节,拳心略含空。

（2）掌。五指自然舒展,掌心微含,虎口呈弧形。

（3）勾。五指指尖自然捏拢,扣腕。

2. 手法

（1）掤。前臂由下向上、向外张架,横于体前,掌心向内,高与肩平,后手可随之下按,两手臂成弧形。

（2）捋。双臂微屈，两掌心斜对，前手掌心向下，后手掌心向上，随腰旋转，两手向后下方划弧为将。

（3）挤。前臂横于体前，后手贴近前手的手腕内侧，双手向前方挤出，两臂圆撑，高不过肩，低不过胸。

（4）按。两手屈肘回按至胸前，手心朝下，然后两手向下经腹前向上弧线按出。

（5）冲拳。拳从腰际旋转向前打出，拳眼向上成立拳。

（6）推掌。掌从肩上或胸前推出，掌心向前，掌指向上，指高不过眉、低不过肩、臂微屈。

(二)步形、步法与腿法

1.步形

（1）弓步。前弓后挺，后腿自然伸直。

（2）仆步。一腿全蹲，另一腿向体侧自然伸直，接近地面，脚内扣，两脚全脚掌着地。

（3）虚步。后腿屈膝下蹲，重心在后脚上，后腿用前脚掌或后脚跟虚点地面。

（4）独立步。一腿自然直立，另一腿屈膝提起，脚尖自然下垂，大腿高于水平位。

2.步法

（1）进步。两腿开立，膝微屈，两手背于身后。右脚外撇，左脚经右脚内侧向前迈出，脚跟先着地，重心前移，左脚踏实，成左弓步。重心后移，左脚尖外撇，重心再向前移，右脚再向前迈重心前移成弓步，连续前行。

（2）退步。两腿开立，膝微屈，重心移到左腿，右脚提脚经左脚内侧向右后退步，由前脚掌先落地，随重心慢慢后移过渡到全脚掌着地，重心移至右脚上，成左虚步，再左脚提起经右脚内侧向左后退，连续后退。

（3）横移步。开步站立，两膝微屈，重心移至右脚上，左脚向左横移一步，然后，重心左移至左脚上，右脚向左脚并步，前脚掌先着地，然后过渡到全脚掌着地，连续侧移。

3. 腿法

（1）蹬脚。一腿支撑，腿微屈，另一腿屈膝提腿，脚尖回勾，脚跟外蹬。

（2）分脚。一腿支撑，腿微屈，另一腿屈膝提腿，脚面纵平，脚尖向前踢出。

（三）太极功法

1. 无极桩

两脚侧立，与肩同宽，双膝微屈，重心落于两脚中间，两臂屈抱于胸前，手指微屈自然展开，指尖相对（相距约20厘米），掌心向里，如抱球状，目视前方。

2. 开合桩

在无极桩姿势的基础上，两臂随呼气做向内收合动作，随吸气做向外棚开的动作。

3. 升降桩

两脚侧立，与肩同宽，双膝微屈，重心落于两脚中间，双臂自然下垂，手贴大腿外侧，双眼平视；双臂缓缓在体前平举至肩高，掌心向下，掌指向前，然后，再缓慢下按至腹前，双臂下按过程中双膝屈膝下蹬。

（四）注意事项

1. 心静体松

"心静体松"是对太极拳练习的基本要求。所谓"心静"，就是在练习太极拳时，思想上应排除一切杂念，不受外界干扰；所谓"体松"，是指练拳时在保持身体姿势正确的基础上，要有意识地让全身关节、肌肉以及内脏等达到最大限度的放松状态。

2. 圆活连贯

是否做到"圆活连贯"是衡量一个人功夫深浅的主要依据。太极拳练习所要求的"连贯"是指多方面的。其一是指以腰为枢纽的肢体连贯，即在动作转换过程中，对下肢要求以腰带胯，以胯带膝，以膝带足；对上肢要求以腰带背，以背带肩，以肩带肘，再以肘带手。其二是动作与动作之间的衔接，即前一动作的结束就是下一个动作的开始，式与式之间没有间断和停顿。"圆活"是在连贯基础上的进一步要求，意指活顺、自然。

3. 虚实分明

要做到"运动如抽丝，迈步似猫行"，首先要注意虚实变换要适当，使肢体各部分在运动中没有丝毫不稳定的现象。一般来说，下肢以主要支撑体重的腿为实，辅助支撑或移动换步的腿为虚；上肢以体现动作主要内容的手臂为实，辅助配合的手臂为虚。总之，虚实不但要互相渗透，还要有意识地灵活变化。

三、太极拳套路

（一）八式太极拳

动作名称：起势→卷肱势→搂膝拗步→野马分鬃→云手→金鸡独立→蹬脚→揽雀尾→十字手→收势。

（二）二十四式简化太极拳

动作名称：起势→左右野马分鬃→白鹤亮翅→左右搂膝拗步→手挥琵琶→左右倒卷肱→左揽雀尾→右揽雀尾→单鞭→云手→单鞭→高探马→右蹬脚→双峰贯耳→转身左蹬脚→左下势独立→右下势独立→左右穿梭→海底针→闪通臂→转身搬拦捶→如封似闭→十字手→收势。

第七节　新兴体育运动及方法指导

一、攀登运动的指导要点

（一）提供安全、适宜的攀登设备

教师应根据儿童的年龄特点，为其提供安全、适宜的攀登设备。对于年龄较小的儿童来说，太高的攀登设备会使其产生胆怯心理，教师应为其选择矮一些的攀登设备，同时还应关注横杠粗细是否适合儿童手掌抓握。随着儿童年龄的增加，攀登设备也应该适当增加高度和难度，以激发儿童运动的兴趣，不断提高他们的攀登能力。此外，教师应在攀登设备的下方铺设软性材料，如沙土地、草地、软垫等，保证儿童运动时的安全。

（二）加强安全教育，做好安全防护

在儿童进行攀登的过程中，教师应对儿童进行相关的动作指导和安全教育。例如，指导儿童怎样抓握横杠，怎样从攀登设备上下来，引导儿童上下攀登设备时遵守活动秩序，学会等待，不抢、不推挤等，提高儿童的自我保护能力。儿童攀登时，通常心理压力较大，教师应及时给予鼓励，并随时关注和保护儿童，确保他们的运动安全。此外，教师不宜组织儿童进行攀登比赛，以免他们因求胜心切而忽视安全。

（三）循序渐进地发展儿童的攀登能力

教师应在深入了解儿童攀登动作发展特点、攀登动作基本要领及儿童攀登动作发展目标的基础上，依据本班儿童攀登动作发展的实际情况和发展需要，循序渐进地为儿童选择适宜的攀登动作内容，攀登设备应由低到高，动作应由易到难，不断提高投掷动作的要求，鼓励儿童尝试和体验多种攀登动作，逐步提高他们的攀登能力。

（四）兼顾个体差异，加强个别指导

教师应关注和观察儿童攀登时的情绪状态和动作特点，有些儿童比较胆小或有恐高心理，还有些儿童缺乏自信心，对于不想参与攀登的儿童，教师应给予尊重，不应勉强。此外，在提供攀登设备时，教师也应考虑儿童的个体差异，尽量为他们提供不同难度、不同高度的攀登设备，鼓励他们自由选择、自主练习，同时加强个别指导，不断增强儿童的自信心，促使他们的攀登能力不断提高和发展。

（五）将攀登活动与儿童身体素质发展有机结合

教师在引导儿童学习和练习攀登动作的过程中，应有意识地将攀登活动与儿童身体素质的发展结合起来，通过开展丰富多样的攀登活动，逐步提高儿童的攀登能力，同时有效地促进儿童身体素质的发展。例如，可以通过攀登各种攀登设备等活动，锻炼儿童四肢和躯干部位的肌肉力量，发展儿童的平衡能力和协调性；可以通过攀爬倾斜的大垫子、攀登较矮的滑梯斜坡等活动，发展儿童手部的握力、上肢与躯干的力量；可以通过上下台阶、上下小山坡、登山等活动，发展儿童的敏捷性、协调性和耐力。

二、攀登活动中常见的错误动作及纠正方法

（一）常见的错误动作

攀登常见的错误动作如下：精神紧张，动作僵硬；求胜心切，动作过快而忽视运动安全；抓握姿势不正确，等等。

（二）常见错误动作的纠正方法

1. 精神紧张、动作僵硬的纠正方法

教师要注意保护和帮助儿童，通过示范和语言提示等方法，增加儿童的信心和勇气。

2. 求胜心切而忽视运动安全的纠正方法

教师应该教育儿童不要进行攀登比赛。进行攀登练习时，要特别注

意儿童的安全,避免比较调皮的儿童中途跳下。练习前要进行安全教育,让他们有序攀登,不要互相推挤,并让他们学会躲避危险,提高自我保护的能力。

参考文献

[1] 庄弼.小学体育与健康教学关键问题指导[M].北京：高等教育出版社,2020.

[2][英]乔治·格雷厄姆,埃洛伊丝·艾略特,史蒂夫·帕尔默.儿童和青少年体育教育指导[M].张旎,译.北京：人民邮电出版社,2020.

[3]申映辉.小学体育课程设计及教学质量提升探索[M].太原：山西经济出版社,2020.

[4]闫文.小学体育教学模式研究[M].北京：光明日报出版社,2018.

[5]高俊霞.小学体育教学策略与案例分析[M].石家庄：河北美术出版社,2017.

[6]陈辉,杨远飞.学生发展核心素养视域下的课堂教学指南：中小学体育与健康[M].长春：东北师范大学出版社,2017.

[7]张桃臣,张维寿.少年儿童体育锻炼原理与方法[M].石家庄：河北教育出版社,2012.

[8]石峻,谈力群.小学体育教育实践与探索[M].芜湖：安徽师范大学出版社,2015.

[9]朱小烽.儿童青少年体适能评定与健康促进[M].成都：西南交通大学出版社,2020.

[10]宋旭,李晓静.中小学体育教学策略与案例分析[M].武汉：武汉大学出版社,2021.

[11]杨亚琴.儿童健体益智游戏[M].北京：人民体育出版社,2007.

[12]隋勇.信息化技术与儿童体育教学融合研究[M].北京：科学出版社,2019.

[13] 史慧静. 儿童青少年卫生学[M]. 上海：复旦大学出版社，2014.

[14] 张红品. 儿童青少年体育运动指导[M]. 连云港：江苏凤凰美术出版社，2018.

[15] 于君，杨宗友. 儿童健康教育理论与体育活动指导探究[M]. 北京：人民体育出版社，2017.

[16] 薛亦男. 儿童急救常识[M]. 哈尔滨：黑龙江科学技术出版社，2019.

[17] 崔丽. 中小学体育教学方法研究[M]. 北京：现代出版社，2020.

[18][英]A.维旎·科尔文，南希·J.埃格. 儿童基本运动技能教学指导（第3版）.[M]. 纳·马科斯，译. 北京：人民邮电出版社，2020.

[19] 杜更. 儿童基本动作技能教学实践与评测指南[M]. 北京：北京理工大学出版社，2020.

[20] 董翠香. 小学体育与健康教学设计[M]. 北京：高等教育出版社，2020.

[21] 姜天赐. 解读体育活动与儿童健康体质的探讨[J]. 当代体育科技，2017，7（18）：248-249.

[22] 刘炜，李墨. 论体育教学中儿童体育意识的培养[J]. 教育理论与实践，2016，36（32）：62-64.

[23] 叶强，徐凯，钱纪云，冯辉，何宗桂. 儿童体育活动课程中增强现实体育游戏的设计与应用[J]. 电化教育研究，2018（01）：122-128.

[24] 李竞媛. 对我国青少年儿童体育健身评估的反思与展望[J]. 青少年体育，2018（9）：95-96，98.

[25] 张福华. 论儿童体育习惯的养成与国民素质提升[J]. 通化师范学院学报，2020，41（12）：86-91.

[26] 吉林巧. 基于儿童视野的小学体育教学思考[J]. 才智，2018（21）：134.

[27] 顾雷. 新生活学校背景下儿童体育核心素养的培养[J]. 名师在线，2018（8）：47-48.

[28] 刘冰淼. 探析儿童游泳启蒙教学与训练中的兴趣特点及其培养[J]. 体育风尚，2019（5）：128.

[29] 苏伟淼. 游戏教学法在儿童游泳教学中的应用[J]. 广西教育，2018（5）：71-72.

[30] 毛志晨, 范志超. 情景化足球游戏在少年儿童足球训练中的应用 [J]. 青少年体育, 2020（8）: 44-45.

[31] 魏子仪, 贾文伟. 中小学校园冰雪运动的推广与发展 [J]. 当代体育科技, 2020, 10（22）: 115-117.